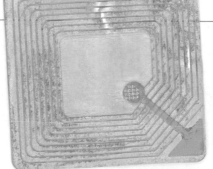
El día:

Devocionales Bíblicos

para la Hora de Acostarse

©2010 por Casa Promesa

ISBN 978-1-61626-101-6

Título en inglés: *Bible Devotions for Bedtime*, ©2004 por Barbour Publishing, Inc.

Ilustraciones de la porta e interior: Richard Hoit

Desarrollo editorial: *Semantics*, P.O. Box 290186, Nashville, TN 37229 semantics01@comcast.net

Publicado por Casa Promesa, P. O. Box 719, Uhrichsville, Ohio 44683, www.casapromesa.com.

Nuestra misión es publicar y distribuir productos inspiradores que ofrezcan valor excepcional y motivación bíblica al público.

 Member of the Evangelical Christian Publishers Association

Impreso en China.
Leo Paper USA.; Gulao Town, Heshan City, Guangdong, China; September 2010; D10002418

Devocionales Bíblicos
para la Hora de Acostarse

DANIEL PARTNER
ILUSTRADO POR RICHARD HOIT

inspiración para la vida
≈CASA PROMESA
Una división de Barbour Publishing, Inc.

Tabla de contenido

"En el principio
Dios..."

Dios, en el principio, creó los cielos y la tierra.

Génesis 1:1

Cuando lees un libro, es importante saber de qué se trata. Esto no es difícil de hacer. A veces, el nombre del libro te lo dice. El libro llamado *El gato y el sombrero* se trata de un gato que usa un sombrero. Hay un libro llamado *Las aventuras del conejo Pedro*. Es un libro que se trata de las cosas emocionantes que le suceden a un conejo llamado Pedro. Y el nombre *El gato en el sobrero regresa* dice precisamente acerca de qué trata el libro.

¿De qué piensas que se trata la Biblia?

La palabra *biblia* significa "libro". Ese nombre no nos da una pista acerca de lo que hay dentro del libro. Pero lee las primeras cuatro palabras de la Biblia: "Dios, en el principio creó…" ¿Te dicen estas palabras acerca de qué se trata la Biblia? ¡Sí! La Biblia se trata de Dios.

Es verdad, la Biblia nos cuenta acerca de muchas cosas y de muchas personas. Pero, en definitiva, la Biblia está para mostrarte quién es Dios y qué es lo que ha hecho por ti.

Amado Dios

Gracias por la Biblia, que me cuenta acerca de ti.

"Que haya luces
en el firmamento".

Y dijo Dios: "¡Que haya luces en el firmamento!"

Génesis 1:14

Es bueno que el cielo no esté vacío. ¡Qué aburrido que sería! Todo el día, lo único que veríamos sería el cielo azul. Y por la noche, no veríamos nada más que negro. Dios quería más que eso. Entonces la Biblia dice: "Dios hizo los dos grandes astros: el astro mayor para gobernar el día, y el menor para gobernar la noche. También hizo las estrellas".

La luz mayor gobierna el día. ¿Cuál es esa luz? Es el sol. La luz menor gobierna la noche. ¿Qué piensas que es?

Es fácil. Es la luna. Y Dios también hizo las estrellas.

En el primer día hubo luz. Pero Dios quería más que esa luz. Entonces hizo el sol y la luna y las estrellas en el cuarto día. Quizás puedas pensar en algunas razones por las cuales están estas luces en el cielo. Son muy bonitas, ¿verdad? La luz del sol es muy cálida y hace que las cosas crezcan.

La Biblia nos da explicaciones con respecto al sol, a la luna y a las estrellas. Dice que el sol divide el día de la noche. La forma cambiante de la luna y la figura de las estrellas a veces son útiles para guiarse, así como las señales en la ruta.

Los tres marcan los cambios de estaciones, los días y los años. Dios dijo que esto era bueno. ¿No lo crees también?

Amado Dios

Gracias por el sol, la luna y las estrellas.

"Y creó
Dios..."

Y creó Dios los grandes animales marinos, y todos los seres vivientes que se mueven y pululan en las aguas y todas las aves… Dios hizo los animales domésticos, los animales salvajes, y todos los reptiles".

Génesis 1:21, 25

¿Te gustan los animales? Si respondiste sí, ¡eso es fantástico! Porque en el quinto día, Dios hizo que las aguas abundaran con peces y otros seres vivos. Y los cielos se llenaron con toda especie de aves. Dios creó las grandes criaturas del mar también. Piensa en todas los diferentes especies de aves y peces que hay, ¡Dios las hizo todas! Dios vio que esto era bueno y los bendijo.

Espera, ¡hay más!

Al día siguiente, Dios decidió que debería haber otros animales. Entonces creó el ganado, tales como vacas, ovejas y cabras. Hizo los animales pequeños y otros seres salvajes. Además, hizo todas las cosas que se arrastran en el suelo, como los insectos, las serpientes y los lagartos.

Casi todo lo que existe fue hecho, ¿no es cierto? Había tierra, cielo y mar. El sol, la luna y las estrellas brillaban en el firmamento. Plantas, árboles y pastos crecían frescos y verdes. Y había animales en todos lados, en la tierra, en el mar y en el cielo.

¿Podría ser que falte algo? Piénsalo... Sí, falta algo. ¡Tú no estás allí! Todavía no hay personas. ¡Eso es lo que viene después!

Amado Dios

Amo los animales que creaste, ¡gracias por todos ellos!

"...que dominen
sobre todos
los seres".

Y dijo (Dios): "Hagamos al ser humano a nuestra imagen y semejanza. Que tenga dominio sobre todos los animales".

Génesis 1:26

¿Qué es lo que ves cuando miras por la ventana? Yo veo el cielo azul que se asoma a través de las ramas y las hojas de los árboles. Un árbol crece en una ladera baja cubierta con diferentes tipos de arbustos, hierbas y plantas de distintas tonalidades de verde. Algunas flores color púrpura florecen en un arbusto. Un colibrí dorado visita las florcitas anaranjadas esparcidas aquí y allá. Abejas

amarillas zumban. A veces, grandes libé-
lulas negras vuelan y se detienen en el
aire. La luz del sol produce sombras. La
brisa del océano hace que se zarandeen y
se sacudan. Una telaraña plateada brilla
en el marco de la ventana.

Dios hizo todo esto y más, ¡más de lo
que uno jamás pueda imaginarse! ¡Has
pensado alguna vez por qué los cielos y la
tierra están aquí? ¿Por qué la tierra está
cubierta con cosas vivientes? Aquí está
la razón: Dios trabajó durante los primeros cinco días de la Creación para estar
listo para el sexto. Ese es el día en el que
Dios hizo a las personas.

Recuerda el sabor de tu comida favo-
rita y el aroma que más te gusta. Imagina la cosa más suave que conoces, el

pelaje de un gatito, una pluma, el pétalo de una flor. ¡Dios hizo estas y todas las cosas sólo para ti!

Amado Dios

Gracias por
todas las cosas
que puedo ver,
oír, oler y tocar.

"Dios descansó".

> ## Al llegar al séptimo día, Dios descansó porque había terminado la obra que había emprendido.
>
> Génesis 2:2

La Biblia nos cuenta acerca del poder de Dios. Y Dios es fuerte, pero Él es mucho más que poderoso y fuerte. Dios también es santo, eterno, fiel, sabio, verdadero y bueno. Dios es luz. Dios es amor. ¡Dios es tanto que no hay suficientes palabras para decirlo todo!

La Biblia es el libro que nos dice todo lo que necesitamos saber acerca de Dios. Lo primero que dice es que Dios es el Creador, y nos cuenta la historia de la

Creación. Y no hay sólo seis días en la historia de la Creación. Le tomó siete días a Dios terminar de hacerlo todo. Los primeros seis días fueron para trabajar. Luego, en el séptimo día, Dios descansó de toda su obra. Primero, Dios trabajó para crear todo. ¿Qué es lo segundo que la Biblia dice acerca de Dios? Dice que Dios descansó. Pero si Dios es tan fuerte y poderoso, ¿por qué necesitaría descansar? ¡Quizás para ayudarnos a recordar que nosotros debemos tomar un tiempo para descansar, también!

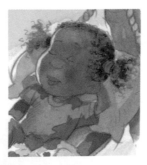

Amado Dios

Gracias por
ser quién eres,
poderoso, santo y
lleno de amor.

"Y Dios el Señor formó..."

Y Dios el Señor formó
al hombre del polvo de
la tierra, y sopló en su
nariz hálito de vida, y
el hombre se convirtió
en un ser viviente.

Génesis 2:7

Este versículo nos hace pensar.
Nos cuenta cómo las personas llegaron
a estar aquí. Primero dice que Dios nos
formó. Todas las otras criaturas fueron
creadas y hechas. Pero los seres humanos
fueron formados.

¿Alguna vez has formado algo con
barro? Suavizas el barro con el calor de

tus manos. Lo enrollas o lo cortas. Le das forma una y otra vez. Trabajas con el barro hasta que se convierte en lo que tú quieres que sea.

Las personas debían ser diferentes al resto de la Creación. Esta es la razón por la cual la Biblia usa una nueva palabra para describir cómo nos hizo. Dice: "Dios formó al hombre". No sucedió de forma rápida. Dios trabajó paso por paso y fue muy cuidadoso cuando nos hizo. Esto muestra lo importante que somos en el plan de Dios. Él trabajó para hacernos justos y hermosos. Otra parte de la Biblia dice: "Señor, tú eres nuestro Padre, nosotros somos el barro y tú eres el alfarero. Todos somos formados por tu mano".

Amado Dios

Gracias por tomarte el tiempo
para hacerme especial.

"...y puso allí
al hombre".

> Dios el Señor plantó un
> jardín al oriente del Edén,
> y allí puso al hombre
> que había formado.
>
> Génesis 2:8

Las dos primeras personas que Dios creó fueron Adán y Eva. Vivían en el jardín del Edén. Este era un lugar enorme. Todos los animales estaban allí; árboles y plantas crecían; y los ríos fluían. Allí había oro y piedras preciosas. ¡Debe haber sido más hermoso que todo lo que hayamos visto!

Allí Dios le llevó los animales y las

aves al primer hombre. Adán les dio nombres a todos. ¡Imagínatelo! Adán era tan inteligente que podía darles nombres diferentes a cada animal. Conocía a cada uno en particular. Adán cuidaba del jardín al trabajar como granjero. Y fue allí en el jardín que Dios hizo a la mujer, Eva. Los dos se casaron en el jardín del Edén.

Si te gustan los animales, te hubiera gustado ese jardín. Si te gustan las flores y los árboles, Edén era el lugar para ti. ¿Qué harías allí? Podrías nadar en los ríos. Podrías juntar piedras preciosas. Podrías subirte a los árboles. Podrías plantar y cuidar cosas. Podrías vivir con los animales.

Todas estas cosas son hermosas. Pero no son lo que, en realidad, hacía tan maravilloso al Edén. Esta es la razón por la cual el Edén era tan bueno: Dios caminaba allí en las noches frescas. Hablaba con Adán y Eva y ellos hablaban con Él. Dios estaba allí, ¡entonces era un paraíso!

Amado Dios

Gracias por nuestro planeta, pero más que nada por Tu presencia.

"Y Adán escogió
un nombre para
cada uno".

Entonces Dios el Señor
formó de la tierra toda ave
del cielo y todo animal
del campo, y se los llevó
al hombre para ver qué
nombre les pondría.

Génesis 2:19

¿**Conoces** a alguien que tú
piensas que es inteligente? Podría ser tu
madre o tu padre, o un miembro de la familia. Por cierto, tu maestra sabe mucho
más que tú. Pero Adán era muy inteligente. Dios le llevó todos los animales a
él. Luego Adán escogió un nombre para
cada uno de ellos. Piensa en los nombres

de tantos animales como puedas. ¿Cuántos nombres de animales conoces? ¿Cuantos nombres de animales conocen tu papá o tu mamá? ¿Y tu maestra?

Adán no sólo sabía el nombre de cada animal sino que ¡él es quien les dio nombre a todos los animales! Esto significa que nombró a cada animal de granja, a cada pájaro y a cada animal salvaje. Adán probablemente nombró a los insectos y a los peces también. ¡Esto muestra que Dios hizo a las personas para que fueran muy, muy inteligentes!

Amado Dios

¡Gracias por hacerme tan inteligente!

"Voy a hacer
alguien que lo
acompañe".

Luego Dios el Señor dijo: "No está bien que el hombre esté solo. Voy a hacerle alguien que lo acompañe y lo ayude".

Génesis 2:18 BLA

El primer hombre estaba solo en ese jardín tan enorme. Dios sabía esto y le preocupaba que Adán estuviera solo. Entonces Dios hizo todos los animales y se los llevó a Adán. ¿Fue esta la forma en la que Dios quería llenar la soledad de Adán? ¿Los animales iban a ser la compañía de Adán en esta tierra?

Adán debió haber mirado a cada

animal de forma cuidadosa. Después de todo, le dio un nombre a cada uno. Jirafa, cerdo, caimán, perro, gato, elefante. ¿Cuántos tipos de animales había allí? Decenas de miles, quizás millones. Adán los conocía todos. Pero después de darles un nombre a cada uno, aún estaba solo. Adán todavía no tenía esposa, alguien que fuera su amiga y ayuda en la vida.

Había tantos animales maravillosos. Adán los debe haber disfrutado. Pero ningún animal era correcto para ser el compañero de vida de Adán. ¿Qué harías para que Adán no estuviera solo? Dios hizo una cosa más para completar la Creación. Dios hizo una mujer.

Amado Dios

Gracias por hacer una
compañera para Adán.

"Dios hizo
una mujer".

Entonces Dios el Señor hizo que el hombre cayera en un sueño profundo y, mientras éste dormía, le saco una costilla… De la costilla que le había quitado al hombre, Dios el Señor hizo una mujer y se la presentó al hombre.

Génesis 2:21-22

Piensa como hizo Dios para hacer los cielos y la tierra. Cuando Dios dijo la palabra, hubo luz, día y noche, el cielo y la tierra seca y el mar. Cuando Dios habló, el sol, la luna y las estrellas aparecieron en el cielo. Una y otra vez Génesis nos cuenta, "Y Dios dijo". Esa es la forma en la que la Creación apareció, pasto, hierba y árboles; peces y aves e incluso enormes ballenas. ¡Todo esto sucedió porque Dios habló!

Luego Dios cambió la forma de la Creación. *"Y Dios el Señor formó al hombre del polvo de la tierra, y sopló en su nariz hálito de vida, y el hombre se convirtió en un ser viviente"* (Génesis 2:7). Dios no sólo habló para hacer a Adán. Dios trabajó para formarlo del polvo. Luego, para que Adán tuviera vida, sopló en él.

Pero Adán no podía estar solo. Necesitaba una compañera, alguien que lo acompañara en todas las cosas. Esta es la razón por la cual Dios hizo a la mujer de una forma nueva y diferente. Dios no habló ni usó polvo, como lo había hecho antes. A diferencia de todo lo creado, la mujer fue hecha de una parte de Adán. Y Adán dijo: "¡Ella es parte de mi propia carne y hueso! Será llamada 'mujer', porque salió de un hombre".

Amado Dios

Gracias por darnos aliento de vida a Adán ¡y a mí!

"...le preguntó
a la mujer".

La serpiente era más astuta que todos los animales del campo que Dios el Señor había hecho, así que le preguntó a la mujer: "¿Es verdad que Dios les dijo que no comieran de ningún árbol del jardín?"

Génesis 3:1

La Biblia está llena de historias. Muchas sobre buenas personas que hacen cosas buenas. Las historias de la Biblia cuentan acerca de hombres y mujeres valientes y de personas con coraje y amor. La Biblia también nos cuenta historias de lo que Dios ha hecho y hará por nosotros.

Pero la Biblia cuenta algunas historias tristes, también. La historia más triste cuenta cómo Adán y Eva le fallaron a Dios. Los muestra dejando el jardín del Edén. Los vemos aquí por primera vez viviendo sin Dios. Esa es la peor cosa que nos podría suceder a ellos y a nosotros.

Había muchas clases diferentes de árboles en el jardín. Dios dijo que el hombre y la mujer podían comer el fruto de todos esos árboles excepto de uno, el árbol del conocimiento del bien y del mal. Eso parece simple, ¿no es así? Pero un enemigo poderoso de Dios entró al Edén con la forma de una serpiente. Esta serpiente le preguntó a Eva de cuáles árboles podía comer fruto. Era una pregunta sencilla. Pero la serpiente tentó a Eva para que, de todos modos, comiera del fruto prohibido, y este fue el comienzo de la caída en el pecado de la humanidad. Pronto, nuestra vida sencilla y hermosa con Dios terminaría.

Amado Dios

Ayúdame a hacer lo que te hace feliz, ayúdame a hacer lo correcto.

"Arrancó uno
de sus frutos
y comió".

Arrancó entonces uno
de sus frutos y comió.
Luego le dio a su esposo,
que estaba allí con ella
y también él comió.

Génesis 3:6 BLA

Una cosa terrible sucedió cuando
Adán y Eva comieron del fruto del único
árbol del que Dios les había dicho
que no comieran. ¡Las personas en el
Jardín del Edén murieron! Dios dijo que
esto sucedería si comían de ese árbol. Y
así sucedió.

Quizá no te parezca que murieron
porque no cayeron muertos cuando comieron
el fruto. Y esto nos enseña que

hay dos clases de muerte. Una viene cuando nuestro cuerpo muere. Cuando nuestro cuerpo está muerto, no podemos vivir más en este mundo. Pero esto no es lo que les sucedió a Adán y a Eva. Después de que comieron del fruto, supieron que sus cuerpos estaban desnudos, y entonces se hicieron ropas con hojas. Entonces, sabemos que aún sus cuerpos estaban vivos.

Pero hay otro tipo de muerte.

Piensa en las flores bonitas que están en un florero. Aún tienen color y quizás incluso también huelan bien. Parecen estar vivas, pero no lo están. Estas flores han sido cortadas de sus raíces y del suelo. No pueden conseguir el alimento de la tierra nunca más. Con el tiempo, se marchitarán. De hecho, ya están muertas.

De la misma forma, Adán y Eva fueron cortados de Dios. Eso es lo que Dios quiso significar cuando dijo que morirían si comían del fruto prohibido.

Amado Dios

Enséñame a estar vivo en ti, a confiar en lo que Tú dices.

"...el árbol
de la vida".

Después de expulsar al hombre y a la mujer, Dios puso unos querubines al este del Edén y también puso una espada encendida que giraba hacia todos lados, para impedir que alguien se acercara al árbol de la vida.

Génesis 3:24 BLA

Había otro árbol importante en el Jardín del Edén. Para entender la Biblia, debes conocer acerca de este árbol. Es el árbol de la vida.

Adán y Eva podrían haber elegido comer del árbol de la vida. Sin embargo, comieron del árbol del conocimiento del bien y del mal. Entonces murieron al perder su lazo con Dios. Este pecado también le llevó muerte a sus cuerpos. Si hubieran comido del árbol de la vida, todo sería diferente hoy. No habría muerte. Todos estaríamos viviendo con Dios. Todos tendríamos vida eterna.

El camino hacia el árbol de la vida se cortó debido a que Adán pecó. Luego no hubo camino para que las personas tuvieran vida eterna. Es una historia triste, ¡pero hay buenas noticias! Dios no se olvidó de nosotros cuando Adán pecó. Más tarde, envió a Jesucristo al mundo para mostrarnos el camino hacia la vida eterna. Entonces, no estés triste, ¡cree en Jesús y el camino hacia el árbol de la vida se te abrirá!

Amado Dios

¡Gracias por
enviar a tu hijo
Jesús, para mí!

"Le dolió en
el corazón".

Al ver el Señor…que todos
sus pensamientos tendían
siempre hacia el mal, se
arrepintió de haber hecho
al ser humano en la tierra,
y le dolió en el corazón.

Génesis 6:5-6

El recorrido desde Génesis capítulo tres hasta el capítulo seis no es feliz. Pero en el capítulo seis, las cosas mejoran. Este capítulo cuenta acerca de Noé y el arca, una buena historia acerca de cómo Dios resolvió el problema de la maldad del hombre. Dios vio lo mala que era la gente en la tierra, y se arrepintió de haberlos creado. Entonces, decidió destruir a toda criatura viviente en la tierra. "Eliminaré a las personas, a los animales, a las aves y a los reptiles", dijo Dios.

El punto brillante en esta historia es Noé. Era la única persona justa y obediente a Dios. Todos los demás, dice la Biblia, eran terriblemente crueles y violentos.

Entonces Dios le dijo a Noé: "Junta madera y construye un bote".

Quizás sepas cómo continúa el resto de la historia. El bote que Noé construyó fue el arca de Noé. Él, su familia y los animales de toda especie entraron al arca. Luego comenzó a llover. ¡No dejó de llover durante cuarenta días! La inundación destruyó todo excepto lo que estaba en el arca. Al final, Noé y su familia comenzaron un nuevo mundo.

Dios juzgó a la raza humana en la época de Noé. Lo destruyó todo. Pero con el arca, Dios hizo un camino para escapar de la muerte. Para nosotros, en la actualidad, ese camino es Jesucristo.

Amado Dios

Gracias por enviar a Jesucristo para salvar a las personas en este mundo.

"...seguros en el arca".

> "Porque voy a enviar un diluvio sobre la tierra, para destruir a todos los seres vivientes bajo el cielo. Todo lo que existe en la tierra morirá. Pero contigo estableceré mi pacto, y entrarán en el arca tú y tus hijos, tu esposa y tus nueras".
>
> Génesis 6:17-18

¿Has visto alguna vez un dibujo de Noé guiando a los animales al arca? Este debe ser el hecho que más se representa de la Biblia. Probablemente lo hayas visto en libros. También se encuentra en rompecabezas, posters, papeles de empapelar, mantas, cortinas y sábanas. Hay móviles del arca de Noé para colgar en las cunas de los bebés. Hay juguetes de felpa del arca de Noé para colocar en la cama. ¿Podría haber algún niño en tu país que no haya visto un dibujo del arca de Noé?

Es bueno que la gente vea dibujos de Noé y del arca. Por lo general, a Noé lo muestran con una barba blanca larga. Su esposa está su lado y ambos visten túnicas largas. Los animales están alineados de a dos, esperando entrar al arca. Por lo general jirafas, elefantes y leones están allí junto con algunos animales más pequeños. ¡El arca es enorme! Se la ve fuerte y bien construida. Tiene que ser así para que pueda flotar sobre el terrible juicio de

Dios en la tierra que la cubrió de agua.

Los dibujos del arca de Noé nos recuerdan que Dios quiere rescatar a todos del juicio. Jesucristo es como el arca, fuerte y seguro. Cuando crees en Él, es como entrar al arca. En Él, estás seguro del juicio.

Amado Dios

Gracias por mantenernos seguros cuando creemos en ti.

"Noé, su esposa y sus hijos..."

Salieron, pues, del arca
Noé y sus hijos, su esposa
y sus nueras. Luego Noé
construyó un altar al Señor.

Génesis 8:18,20

Noé tenía seiscientos años cuando entró al arca para escapar de la inundación. Toda su familia también entró. El agua en la tierra comenzó a desbordarse por todos lados. El cielo se abrió como una ventana y la lluvia se derramó durante cuarenta días y noches. El agua se volvió más y más profunda hasta que el bote pudo flotar.

La inundación fue tan grande que ¡incluso las montañas más altas se encontraban debajo del agua! Ningún animal o persona permaneció con vida en ningún lugar de la tierra. Nada estaba vivo, excepto Noé, su familia y los animales en el arca.

Ciento cincuenta días después, Dios hizo que soplara un viento. La lluvia se detuvo y la inundación cesó. Un día, el arca se posó sobre una montaña. Después de un tiempo, las otras cimas de las montañas se podían ver. Finalmente, la tierra estaba seca. Luego Dios dijo: "Ahora pueden dejar el arca". Después de que la familia de Noé había salido del bote, los animales también salieron.

¡Qué tiempo terrible debe haber sido! Y cuando todo se hubo terminado, ¿qué fue lo primero que hizo Noé? Adoró a

Dios. Noé es tu ejemplo. Te enseña que sin importar lo que suceda, recuerda adorar a Dios.

Amado Dios

Ayúdame a recordar
que debo adorarte,
sin importar lo que
pase en mi vida.

"Te estoy dando
una señal".

Y Dios añadió: "Ésta es la señal del pacto que establezco… He colocado mi arco iris en las nubes… Nunca más las aguas se convertirán en un diluvio para destruir a todos los mortales".

Génesis 9:12-13,15

¿Te gusta ver el arco iris en el cielo? ¡Es tan hermoso! ¿Sabes qué es lo que forma un arco iris? El sol que brilla a través de la lluvia que cae. Pero en los tiempos de Noé, nunca antes había habido un arco iris. La lluvia que produjo la inundación fue la primera que jamás hubiera sucedido. Cuando Noé vio que la lluvia cesaba, el sol salió. Luego, Noé y su familia vieron el primer arco iris de la historia, y supieron que habían sobrevivido a la gran inundación.

Imagina lo que sintió la familia de Noé la próxima vez que vieron venir nubes de lluvia. Deben haber tenido temor de la lluvia. Después de todo, ¡la primera vez que llovió, la inundación destruyó toda la tierra! Pero Dios no quería que tuvieran temor. Dios le prometió a Noé y a su familia que nunca más volvería a destruir la tierra con una inundación. El arco iris es el recordatorio de que esa promesa es verdadera. Dios cumplió su promesa con Noé. Desde la época de Noé, las inundaciones jamás han destruido toda la tierra. Recuerda esto cada vez que veas un arco iris.

La Biblia nos cuenta muchas de las promesas de Dios. Todas estas son tan reales y hermosas como un arco iris. Y, ¡todas son verdaderas!

Amado Dios

¡Gracias por cumplir siempre Tu palabra!

"El Señor los guiaba".

De día, el Señor iba al frente de ellos en una columna de nube para indicarles el camino; de noche, los alumbraba con una columna de fuego.

Éxodo 13:21

Cuando los hijos de Israel escaparon de Egipto, sabían exactamente qué camino seguir. El Señor los guió día y noche. Durante el día, siguieron una columna de nube. Por la noche, se convertía en una columna de fuego, debe haber lucido como un pino enorme que estaba hecho de nube y de fuego.

A pesar de que sabían que Dios los guiaba, los israelitas con frecuencia tenían temor y se cansaban en el viaje. Una vez llegaron a un lugar llamado Refidín. No había agua allí, entonces se quejaron a Moisés: "Moisés, ¡danos agua de beber!" Se habían arrepentido de haber dejado Egipto y pensaron que morirían.

Moisés no sabía qué hacer.

—¿Qué haré con estas personas? —le clamó a Dios—. ¡Están por apedrearme!

—Toma tu vara de pastor y camina delante de la gente —le respondió el Señor—, te encontraré en la roca en el Monte Sinaí. Golpea la roca y saldrá agua.

Y agua brotó de la roca.

En la actualidad, Jesucristo es esa

roca. Nos da el agua que necesitamos para nunca más volver a tener sed. Dijo:

—Pero el agua que les di les quita toda la sed. Se convierte en un manantial perpetuo dentro de ellos, dándoles vida eterna.

Amado Dios

Gracias por tu hijo, Jesús, quien nos da vida eterna.

"Permíteme ir al campo".

Y sucedió que Rut la moabita le dijo a Noemí: "Permíteme ir al campo a recoger las espigas que vaya dejando alguien a quien yo le caiga bien".

Rut 2:2

Rut era muy pobre. Puedes darte cuenta por cómo obtenía su comida. Ella recogía detrás de los cosechadores, las personas que cortaban el grano para hacer pan. Recoger significa juntar las sobras. En esa época, los cosechadores dejaban algunos granos en los bordes de los campos. Algunos granos se caían a lo largo del camino. Un espigador levantaba el grano no deseado. En la actualidad, algunas personas muy pobres buscan en los tachos de basura comida que se ha desechado. También podrían llamarse espigadores.

Pobre Rut. Era joven y no deseada. Su esposo había muerto y comía lo que los demás no querían. Sólo tenía una cosa buena. Se había apegado a Noemí, una hija de Israel y una creyente en Dios.

Noemí era la madre del esposo de Rut. Allí en Israel, tenían un pariente llamado Booz. Sucedió que Rut recogía en el campo de cebada de Booz. Y él se enamoró de Rut y comenzó a cuidarla. Esta fue su bendición para ella: "Que el Señor, Dios de Israel, bajo cuyas alas has venido a refugiarte, te lo pague con creces" (Rut 2:12).

Esta bendición es para las personas que se refugian en Dios.

Amado Dios

Gracias por bendecir a las personas que buscan ayuda de ti.

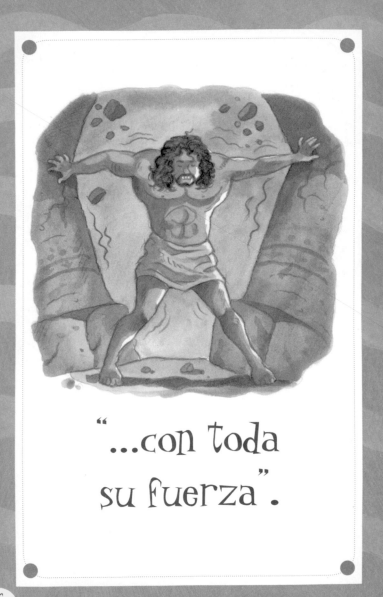

"...con toda
su fuerza".

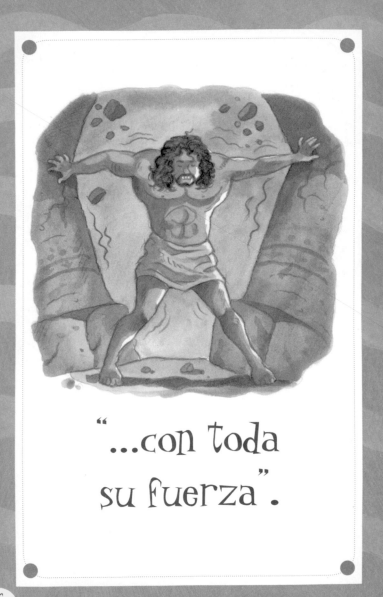

"...con toda
su fuerza".

Luego Sansón palpó las dos columnas centrales que sostenían el templo y se apoyó contra ellas… "¡Muera yo junto con los filisteos!" Luego empujó con toda su fuerza, y el templo se vino abajo.

Jueces 16:29-30

¿**Tienes** un súper héroe favorito? Hay tantos para elegir, Superman, Batman, El Hombre Araña, Daredevil son unos pocos. Sansón no es sólo un súper héroe. Llevó a cabo muchos actos heroicos para la liberación de Israel. El espíritu de Dios estuvo con él de principio a fin. ¡Destrozó a un león sólo con sus manos! ¡Mató a mil hombres usando un hueso de burro! ¡Arrancó las puertas de la ciudad de Gaza! Por el poder del Espíritu, Sansón hizo muchas cosas sorprendentes para Israel.

Lo más grande que hizo Sansón fue lo último que hizo. Los enemigos de Sansón lo habían capturado y le habían arrancado los ojos. Estaba en exhibición como un animal en el zoológico. ¿Su vida heroica había terminado en derrota?

Llevaron a Sansón para entretener a los enemigos. Tres mil hombres y mujeres observaban. Puso las manos en las columnas que sostenían el techo del edificio.

—Oh, Dios, por favor, dame fuerzas

una vez más —oró Sansón. Luego Dios le permitió empujar las columnas y esto destruyó el templo. Miles de enemigos murieron con Sansón ese día.

Sansón hizo esto para mostrar una última vez que Dios estaba con él. Murió por el pueblo de Dios y esto lo hace mucho más que un súper héroe. Sansón es el héroe de la fe.

Amado Dios

Ayúdame a ser un héroe
de la fe como Sansón.

"La reina de Sabá..."

La reina de Sabá se quedó atónita al ver la sabiduría de Salomón y el palacio que él había construido.

1 Reyes 10:4-5

La reina de Sabá era de una tierra lejana. Allí oyó acerca de Salomón, el rey de Israel y de su sabiduría. Fue a verlo y a probarlo con preguntas difíciles. Imagina a esta mujer hermosa viajando a Jerusalén con una larga fila de camellos. Los camellos cargaban especias poco comunes, oro y piedras preciosas como regalo para el rey. La reina habló con Salomón acerca de todo lo que se le ocurrió. Salomón respondió todas sus preguntas.

La reina de Sabá vio la sabiduría de Salomón. Le dijo:

—Lo que oí acerca de ti es verdad. Tienes una gran sabiduría. No lo creía hasta que vine y lo vi con mis propios ojos. Tu sabiduría es mayor que lo que me habían dicho.

¿De dónde obtuvo Salomón esta sabiduría? Se la pidió a Dios.

—Dame una mente entendida para que pueda gobernar a tu pueblo bien y reconozca la diferencia entre el bien y el mal —oró.

Cualquiera puede tener sabiduría. Todo lo que tienes que hacer es pedirla. La Biblia dice: "Si necesitas sabiduría, si quieres saber lo que Dios quiere que hagas, pídesela, y con alegría te lo dirá".

Amado Dios

Ayúdame a
recordar que toda
la sabiduría
viene de Ti.

"Estaba enfermo de lepra".

Era un soldado valiente, pero estaba enfermo de lepra.

2 Reyes 5:1

Naamán era un hombre poderoso y desesperado. Era el comandante del ejército sirio. También era un leproso. Esto significa que sufría de una enfermedad incurable de la piel llamada lepra. Naamán oyó acerca de un profeta en Israel que podría curarlo. Entonces fue a Israel para encontrar a Eliseo, el profeta. Cuando lo encontró, le dijo que se bañara en el río Jordán siete veces. Esto hizo que Naamán se pusiera furioso.

¡Naamán era un hombre importante!

Había ido a Israel con todos sus seguidores y llevaba muchos kilos de plata y oro. Llegó a la casita humilde de Eliseo esperando más de lo que obtuvo. Naamán esperaba que Eliseo saliera de su casa. Pero, en cambio, el siervo de Eliseo salió. Naamán quería que Eliseo dijera algunas palabras mágicas. Esperaba un sacrificio a Dios y algún ungüento calmante para la lepra. En cambio, le dijeron que se lavara en las aguas comunes del río Jordán. Naamán era demasiado orgulloso para hacer esto.

Lo mismo es verdad en la actualidad. Las personas tienen una enfermedad en el alma. No tienen lepra, pero tienen pecado. Y son demasiado orgullosos para recibir el remedio sencillo de la fe. Esta cura parece demasiado simple. Pero es la forma de Dios. La fe en Jesús es la única cura para el pecado.

Amado Dios

Ayúdame a no ser orgulloso.

"...me rodeas
cual escudo".

Y muchos los que de mí
aseguran: "Dios no lo
salvará". Pero tú, Señor, me
rodeas cual escudo; tú eres
mi gloria; ¡tú mantienes
en alto mi cabeza!

Salmo 3:2-3

Esta es una canción de David, el rey de Israel. En ese momento, su propio hijo, Absalón, lo perseguía. Absalón se rebeló contra su padre. Trató de matarlo y de tomar el trono de Israel.

Las cosas estaban tan mal para David que la gente decía que ni siquiera Dios podría ayudarlo. Pero nada es imposible para Dios. Él siempre puede ayudar.

David encontró ayuda en Dios, y nosotros también podemos.

David dijo: "Oh, Señor, tú eres mi escudo y mi gloria y el que levanta mi cabeza en alto". Él oró, clamó en voz alta al Señor y supo que Dios lo había oído. Su fe lo hizo estar seguro de esto. ¡Qué gran esperanza que tenemos de que Dios oye nuestras oraciones!

La oración le dio a David paz verdadera. Esta es la razón por la cual dice qué tan profundamente podía dormir, a pesar de los problemas.

–Me acosté y me dormí –dijo–. Me levanté seguro porque el Señor me cuida.

David hizo que Dios conociera sus peticiones y que su corazón y su mente fueran guardados por la paz de Dios.

Amado Dios

Dame la misma
paz que tuvo
el rey David
al confiar en Ti.

"...la gloria
de Dios".

Los cielos cuentan la gloria
de Dios, el firmamento
proclama la obra de sus
manos. Un día comparte al
otro la noticia, una noche
a la otra se lo hace saber.

Salmo 19:1-2

¿Quieres conocer a Dios?
¡Hay alguien a quien amas y que esperas
que crea en Dios? Aquí hay una forma
fácil de ver a Dios. Los cielos cuentan la
gloria de Dios. El firmamento proclama
las obras de sus manos.

Esto ha estado sucediendo desde el
cuarto día de la Creación, cuando Dios

dijo: "Que haya luces en el firmamento". Desde entonces, continúan hablando acerca de Dios días tras día. Noche tras noche, lo hacen saber. ¡Si la gente tan sólo prestara atención! No importa de dónde eres o qué idioma hablas. La naturaleza cuenta todo acerca de Dios. Sí, Dios es invisible. Pero la Biblia dice que Dios y todo su poder se puede ver a través de la naturaleza.

Muchas personas oran para que su familia y amigos se abran a Dios. Quieren que crean en Jesucristo. Esperamos que oigan el evangelio. La Creación de Dios es la mayor predicadora de todo. ¡Oremos para que todos lo vean y crean!

Amado Dios

Ayúdame a abrir los ojos todos los días para ver Tu maravillosa Creación.

"...centinelas
sobre tus muros".

Jerusalén, sobre tus muros he puesto centinelas que nunca callarán, ni de día ni de noche. Ustedes, los que invocan al Señor, no se den descanso; ni tampoco lo dejen descansar, hasta que establezca a Jerusalén y la convierta en la alabanza de la tierra.

Isaías 62:6-7

Los policías vigilan los pueblos y las ciudades, tratan de asegurase que nada malo nos suceda. En el Israel antiguo, los policías se llamaban centinelas, porque el tiempo entre la puesta del sol y el amanecer se dividía en tres guardias. Cada una tenía un centinela diferente, entonces alguien tenía que estar despierto toda la noche para cuidar la ciudad y mantenerla segura de los enemigos.

La Biblia dice que Dios ha puesto centinelas en los muros de Jerusalén. Estos no son los centinelas verdaderos que cuidaban Jerusalén, estos son cristianos que oran. ¿No te gustaría ser un centinela como ese? No gritan diciendo que vienen los enemigos, oran a Dios hasta hacer que Jerusalén se convierta en la alabanza de la tierra. Eso sucederá cuando Jesús regrese.

No tenemos que ser fuertes o famosos para orar de esta forma. Las oraciones pequeñas son oraciones importantes. Una persona que le dice a Dios: "Señor, te amo", ha dicho algo importante. Alguien que puede detenerse y decir: "Gracias Dios" ha hecho algo muy especial. ¡Tú podrías ser esa persona!

Amado Dios

¡Ayúdame a agradecerte en oración todos los días!

"...desde el
vientre del pez".

Entonces Jonás oró al Señor su Dios desde el vientre del pez. Dijo: "En mi angustia clamé al Señor, y él me respondió".

Jonás 2:1-2

Jonás fue un hombre que huyó de Dios. ¿Crees que llegó muy lejos?

Dios quería que Jonás fuera a Nínive y predicara el evangelio. Jonás no quería hacer esto. En cambio, se subió a un bote que lo llevaba lejos de Nínive. Pero sopló una tormenta terrible y la tripulación del barco pensó que Jonás era el culpable. Así que arrojaron a Jonás fuera del bote y un gran pez se lo tragó. Desde adentro del pez, Jonás oró a Dios. Dios le respondió y después de tres días, el pez lo escupió en la costa.

Jonás era una persona real con una historia real. La Biblia usa esta historia para contar acerca de Jesús. Jesús dijo: "Jonás estuvo en el vientre del pez por tres días y tres noches... Yo estaré en el corazón de la tierra por tres días y tres noches". La experiencia de Jonás dentro del pez era un signo que señalaba la resurrección de Cristo de los muertos. Jonás jamás pudo haber sabido esto. Sólo sabía que había desobedecido a Dios y que por eso un pez se lo había tragado. Pero Dios es el gran director de la historia, la de Jonás y la tuya también.

Amado Dios

¡Ayúdame a recordar que nadie puede huir de Ti!

"...el que
gobernará
a Israel".

Pero de ti, Belén Efrata, pequeña entre los clanes de Judá, saldrá el que gobernará a Israel.

Miqueas 5:2

Belén era un lugar diminuto. ¿Por qué piensas que Jesús nació allí? el nombre Belén significa "la casa de pan". Jesús es el pan de vida. Fue en el pueblito de Israel que el pan de vida vino a nosotros. Eso es cuando Belén se convirtió en la verdadera casa de pan.

La Biblia también llama a Jesús "el Buen Pastor de las ovejas", y nosotros somos sus ovejas. Es interesante que naciera en Belén porque era la ciudad de David.

David también era un pastor y más tarde se convirtió en el rey de Israel.

La noche que Jesús nació, unos pastores estaban en los campos fuera de Belén. Estaban cuidando las ovejas. De repente, el ángel del Señor apareció y sintieron gran temor. Pero el ángel dijo:

—¡No teman! ¡Les traigo noticias que los alegrarán mucho! ¡El Salvador ha nacido esta noche en Belén! Vayan allí y encontrarán a un bebé envuelto y recostado sobre un pesebre.

Esos pastores entraron a Belén, la ciudad del rey David. Allí encontraron a Jesús, el Buen Pastor. Estaba durmiendo en un pesebre. Un pesebre es un lugar donde los granjeros guardan el alimento para las ovejas o el ganado. El Buen

Pastor también es el alimento espiritual para sus ovejas y, ¡nosotros somos sus ovejas!

Amado Dios

Gracias por enviar a
Jesús para que les diera
a sus ovejas el "alimento"
espiritual que necesitan.

"Vimos su
estrella".

Después de que Jesús nació en Belén de Judea en tiempos del rey Herodes, llegaron a Jerusalén unos sabios procedentes del Oriente. "¿Dónde está el que ha nacido rey de los judíos?" preguntaron. "Vimos levantarse su estrella y hemos venido a adorarlo".

Mateo 2:1-2

Cuando Jesús nació, de inmediato las personas querían conocerlo. Hombres de lejos preguntaban:

"¿Dónde está el bebé llamado el Rey de los Judíos?"

El niño era muy pequeño. No había hecho nada aún como el Salvador del mundo. ¡Pero las personas ya lo estaban buscando!

Dios creó a todas las personas que viven en la tierra. Hay una razón para eso. Todas las personas deberían buscar a Dios. Deberíamos acercarnos a Dios como si tuviéramos los ojos vendados. No está lejos de ninguno de nosotros y la Biblia dice que vivimos y nos movemos y existimos en Dios. No lo podemos ver en un cuadro en la pared, sino a través de Jesús, es una persona viva a quien podemos conocer y amar.

Hace mucho tiempo, los sabios

vinieron de lejos buscando a Jesús y lo encontraron. Desde entonces, millones de personas también han tenido sed de Jesús y lo han hallado. Tu alma está sedienta de Dios. Busca a Jesús. Será como un sorbo de agua en ti y, ¡tu alma nunca más tendrá sed!

Amado Dios

No quiero estar más sediento, ¡ayúdame a busca siempre a Tu hijo, Jesús!

"Abrieron
sus cofres".

Abrieron sus cofres y le presentaron como regalos oro, incienso y mirra.

Mateo 2:11

Los sabios estaban expectantes por ver al rey recién nacido. Lo que hallaron fue un bebé que parecía ser sólo el hijo de un carpintero normal. Sin embargo, le entregaron ricos regalos de oro, incienso y mirra. ¡Estos son los primeros regalos de Navidad que jamás se hayan entregado! ¿Sabes por qué son tan especiales?

El oro es un regalo para un rey, eso es seguro. En la Biblia, el oro se usa como un símbolo para Dios. El oro no se oxida. Esto significa que Dios es puro y no puede arruinarse. El pequeñito llamado Jesús era Dios.

Los sacerdotes de Israel usaban incienso en la adoración. Es un recordatorio de que Jesús guía nuestra adoración a Dios. La mirra es savia de una planta. Las personas la encuentran al cortar la corteza de un árbol. Es como le sucedió a Jesús en la cruz cuando el soldado lo cortó con la lanza. La mirra nos recuerda que Jesús murió por nuestros pecados.

Estos tres regalos preciosos nos muestran quién, exactamente, vivía en ese pueblito de Medio Oriente llamado Belén. Los sabios no encontraron sólo a un bebé común. ¡Encontraron al Rey de reyes y al mismo Dios del universo!

Amado Dios

Gracias por Tu hijo que era tan pequeño y que sin embargo, ¡era el poderoso Dios de la Creación!

"...un ángel
del Señor".

Esa misma noche, unos pastores estaban cuidando sus ovejas cerca de Belén. De pronto, un ángel de Dios se les apareció. . .

Lucas 2:8-9 BLA

Me pregunto si los pastores pensaban en Dios esa noche. Es posible que estuvieran orando. O quizás dormían. De repente, ¡la gloria del Señor estaba alrededor de ellos! Estos hombres trabajadores tenían temor. Un ángel trató de calmarlos. Al momento, alrededor de ellos había miles de ángeles alabando a Dios. "Gloria a Dios en los cielos y paz

en la tierra a todos los que Dios ama",
cantaban. ¡Imagina cómo esto maravilló
y asustó a los pastores!

Sin embargo, estos pastores duros eran
valientes. Se dijeron el uno a otro:

—Vamos a Belén y veamos esto. Entonces fueron y buscaron a un bebé envuelto en ropas, acostado en un pesebre.

Los pastores encontraron a María,
José y Jesús en un establo humilde debido a que no había lugar para ellos en la
posada. Los pastores y a todos los que les
contaron estaban asombrados por lo que
había sucedido.

Jesús no había nacido en un palacio
hermoso. No era famoso como una estrella de cine. Simplemente vino a hacer la
obra de Dios y a servir a otros. No quería

que lo sirvieran como a un rey, a pesar de que es el Rey de reyes.

Amado Dios

Ayúdame a ser humilde como Jesucristo.

"Aquí viene el Cordero de Dios".

Al día siguiente Juan vio a Jesús que se acercaba a él, y dijo: "¡Aquí tienen al Cordero de Dios, que quita el pecado del mundo!"

Juan 1:29

Todos saben que Jesús no era un cordero de verdad. Era un hombre. Durante toda su vida no fue, para nada, como un cordero. Fue fuerte y valiente hasta el final. Luego se convirtió en un cordero. La Biblia dice que cuando Jesús murió: "Se portó como una oveja que la llevan al matadero: se quedó en silencio. Se portó como un cordero al que le cortan la lana: no dijo nada".

En la época del Nuevo Testamento, las personas hacían sacrificios a Dios por sus pecados. Estos sacrificios, por lo general, eran corderos. Año tras año, las personas hacían estos sacrificios. Luego vino Jesús. Fue el último sacrificio para el pecado. Nadie tenía que matar un corderito otra vez a causa del pecado. Jesús es el Cordero de Dios cuya muerte se llevó el pecado del mundo. "Dios amó tanto a la gente de este mundo, que me entregó a mí, que soy su único Hijo, para que todo el que crea en mí no muera, sino que tenga vida eterna".

Amado Dios

Gracias por dar a Jesús
para que sea el sacrificio
por mi pecado.

"Llenen de agua
las tinajas".

Jesús dijo a los sirvientes: "Llenen de agua las tinajas". Y los sirvientes las llenaron hasta el borde. "Ahora saquen un poco y llévenlo al encargado del banquete" les dijo Jesús.

Juan 2:7-8

Un día, la madre de Jesús estaba invitada a la celebración de un matrimonio en un pueblo llamado Caná. Jesús y sus seguidores estaban también allí. Pero se acabó el vino antes de que terminara la fiesta. La madre de Jesús le dijo: "No tienen más vino" y les dijo a los sirvientes:

"Hagan cualquier cosa que él les diga".

Allí había seis jarras de piedra. Se usaban para las ceremonias religiosas de los judíos y tenían una capacidad de entre setenta o cien litros cada una. Jesús les dijo a los sirvientes: "Llenen las jarras con agua". Llenaron las jarras hasta el borde.

Después Jesús dijo: "Saquen algo y dénselo al hombre encargado de la fiesta". El hombre probó lo que pensaba que era agua, pero ¡Jesús lo había convertido en vino!

Este fue el primer milagro que Jesús hizo, ¿Por qué piensas que Jesús hizo este milagro? Era una señal para demostrar quién era Jesús. Jesús hizo milagros como estos para mostrar su gloria y poder y para ayudar a las personas a creer en Él.

Amado Dios

Gracias por los milagros que muestran tu poder.

"...si no nace
de nuevo".

"De veras te aseguro que quien no nazca de nuevo no puede ver el reino de Dios", dijo Jesús. "¿Cómo puede uno nacer de nuevo siendo ya viejo?" preguntó Nicodemo.

Juan 3:3-4

Cuando tienes una pregunta, ¿No te parece que tu maestro debería tener una respuesta? Nicodemo era un maestro para todo Israel. Pero cuando Jesús le dijo: "Tienes que nacer de nuevo", Nicodemo no sabía lo que esto significaba. Jesús le dijo que es difícil de explicar.

Es como tratar de seguir el viento. Podemos oír y sentir el viento, pero no sabemos de dónde viene ni a dónde va.

Al creer en Jesús, una persona tiene un segundo nacimiento. Esto a veces se llama nuevo nacimiento. Cuando esto sucede, esa persona nace otra vez. Para ver este nuevo nacimiento en una persona, uno debe mirar de forma cuidadosa. Es como el viento, muy difícil de ver.

¿Has visto alguna vez un fruto que cuelga de un árbol? A veces es difícil verlo porque las hojas lo esconden. Una persona que nace de nuevo tiene un fruto especial en su vida. Mira de forma cuidadosa y podrás ver amor, alegría, paz, paciencia, amabilidad, bondad, fidelidad, humildad y dominio propio. Esta es la forma en la que sabes si una persona ha nacido otra vez.

Amado Dios

Quiero agradarte, ayúdame a hacer que todo buen fruto crezca en mi vida.

"Si así viste
Dios..."

> "Si así viste Dios a la hierba que hoy está en el campo y mañana es arrojada al horno, ¿no hará mucho más por ustedes?"
>
> Mateo 6:30

Piensa acerca de la lluvia. Cae sobre todo, ¡rosas, amapolas, lirios, dientes de león, musgos, malezas, todo! ¿Por qué? Porque Dios cuida de todas estas cosas.

Pero hay tantas cosas que cuidar en este universo. ¿Por qué Dios se preocuparía por estas flores? La repuesta se encuentra en Génesis. Dice que cuando Dios hizo la luz, "Era buena". Luego Dios hizo la tierra seca y los mares. "Y Dios vio que era bueno". Hizo que todo tipo de plantas crecieran en la tierra. "Y Dios vio que era bueno". Después, hizo el sol, la luna y las estrellas. ¿Qué fue lo que Dios pensó acerca de esto? "Y Dios vio que esto era bueno". Luego Dios hizo peces y pájaros. "Y Dios vio que esto era bueno". Luego se hicieron todo tipo de animales. "Y Dios vio que esto era bueno".

Seis veces en Génesis, Dios vio que esto era bueno. Esto significa que Dios disfruta de su Creación. Es un deleite para Él. Esa es la razón por la cual la lluvia cae sobre todas las cosas. Dios cuida de todo. Ya que Dios envía lluvia sobre todas y cada una de las florcitas, ¡sabes que también cuida de ti!

Amado Dios

¡Gracias por cuidar de mí!

"Por favor dame un poco de agua".

Jesús, fatigado del camino, se sentó junto al pozo. Era cerca del mediodía… En eso llegó a sacar agua una mujer de Samaria, y Jesús le dijo: "Dame un poco de agua".

Juan 4:6-7

Era alrededor del mediodía y Jesús estaba solo, descansando cerca de un pozo. Una mujer se acercó al pozo para sacar algo de agua. Jesús le pidió que le diera un poco. En esa época, esto no se hacía. Los hombres y las mujeres no tenían nada que ver el uno con el otro a menos que estuvieran casados. Además, la mujer en esta historia era una samaritana. Jesús era judío. Los judíos pensaban que eran mucho mejor que los samaritanos y por eso nunca se hablaban entre sí.

La mayoría de las mujeres de esa época sacaban agua durante la mañana. Luego tenían lo que necesitaban para ese día. Además, no tenían que cargar el agua en el calor del día. Pero esta mujer era marginada en su pueblo. Se había casado muchas veces. Las otras mujeres se mantenían alejadas de ella porque era una pecadora.

Se podría decir que esta mujer tenía tres golpes en su contra. Era una pecadora. Era samaritana. Era mujer. Para todos los demás era menospreciada, pero no para Jesús. Esta historia muestra que Jesús vino para los desechados de este mundo. Vino para los pecadores y los pobres. Vino para todos, sin importar quiénes sean.

Amado Dios

Gracias
por no tener
favoritos.
Tú cuidas
de todos.

"Todos comieron".

Jesús, entonces, tomó los panes en sus manos y oró para dar gracias a Dios. Después, los repartió entre toda la gente, e hizo lo mismo con los pescados. Todos comieron cuanto quisieron.

Juan 6:11 BLA

Grandes

Grandes multitudes a veces seguían a Jesús a cualquier lugar que Él iba. Habían visto sus milagros y querían ver más.

Un día cálido de primavera, Jesús fue a las montañas y se sentó. Sus discípulos se sentaron alrededor de Él. Pronto una multitud de personas escalaron la montaña, buscándolo. Le preguntó a uno de los discípulos:

–Felipe, ¿podemos comprar pan para alimentar a estas personas?

Felipe respondió:

–¡Costaría una pequeña fortuna alimentarlos!

Después habló Andrés:

–Hay un niño aquí con cinco panes y dos peces. Pero, ¿qué es eso para una multitud grande como esta?

–Dile a todos que se sienten –ordenó Jesús. La multitud se sentó en la pendiente cubierta de hierba. Había cinco mil hombres e incluso más mujeres y niños. Después Jesús tomó los panes, le dio gracias a Dios y los pasó. Después hizo lo mismo con los peces. Y todos comieron hasta que se saciaron.

–Junten lo que sobra –dijo Jesús– para que nada se desperdicie. ¡Doce canastas se llenaron con sobras!

Este milagro hizo que muchas personas creyeran en Jesús. Era una señal para ayudarles a las personas a entender que Jesús es el pan de vida. Vino no sólo para alimentar nuestro cuerpo, sino también para alimentar nuestra alma.

Amado Dios

Gracias por alimentar no sólo mi cuerpo sino también mi alma.

"No sólo de pan
vive el hombre".

El tentador se le acercó y le propuso: "Si eres el Hijo de Dios, ordena a estas piedras que se conviertan en pan". Jesús le respondió: "Escrito está: 'No sólo de pan vive el hombre, sino de toda palabra que sale de la boca de Dios'".

Mateo 4:3-4

Dos cosas sin las que no podemos vivir son alimento y agua. Incluso Jesús tuvo hambre. Pero sabía que las personas necesitaban dos clases de alimento. Hay alimento para el cuerpo y alimento para el alma. Todos conocen acerca del alimento para el cuerpo. Jesús vino a enseñarnos acerca de la otra comida. De hecho, fue una de las primeras cosas acerca de las cuales habló.

—Las personas necesitan más que pan para vivir —dijo Jesús—. Deben alimentarse de toda palabra de Dios.

Un día Jesús estaba fuera en el campo. Miles de personas fueron allí para verlo y oírlo. Cuando llegó la hora de comer, nadie tenía alimento. Con cinco panes y dos peces, Jesús los alimentó a todos. La misma multitud se reunió alrededor de Jesús al día siguiente. Les dijo:

—Ustedes sólo vienen aquí porque les di de comer ayer. Pero Dios da el verdadero pan del cielo.

—Por favor, danos ese pan —rogaron.

Jesús respondió:

—Yo soy el pan de vida. Vengan a mí y jamás tendrán hambre.

Nadie puede irse sin comida. Nadie debería irse sin conocer que Jesús es el verdadero alimento.

Amado Dios

Ayúdame a recordar que Jesús es el verdadero Pan de Vida.

"Todo el que
me oye..."

> "Todo el que me oye estas palabras y las pone en práctica es como un hombre prudente que construyó su casa sobre la roca".

Mateo 7:24

Jesús enseñó que hay dos clases de alimento. El alimento para nuestro cuerpo es muy importante. Debe ser comida saludable porque edifica nuestro cuerpo. Si usamos comida que no sea buena, nuestros cuerpos estarán enfermos. Alimentos con mucha azúcar y grasa no pueden hacer un cuerpo saludable. También hay alimento para el alma. El mejor alimento para nuestra alma es

Jesús. Cuando creemos en Jesús, Él es el alimento para nuestra alma y hace que nuestro espíritu sea fuerte.

También existen dos tipos de casas. Las casas o departamentos en los cuales vivimos le dan refugio a nuestro cuerpo. Si no están bien construidos, podríamos tener frío, humedad o podríamos enfermarnos. Hay también una casa espiritual, la cual nadie ve. Esta casa se construye sobre lo que oímos y hacemos.

Al leer la Biblia, oímos las palabras de Jesús. Por ejemplo, dijo: "Hagan a los demás lo que les gustaría que les hicieran a ustedes".

Puedes construir tu vida sobre estas palabras. Jesús dijo que estas palabras explican todo lo que se enseña en la Biblia.

Esta es la Regla de Oro. Si oyes esta regla y la haces, tu casa espiritual no se caerá.

Amado Dios

Quiero que mi casa espiritual sea fuerte, ayúdame a seguir la Regla de Oro.

"Y todo quedó
completamente
tranquilo".

"Hombres de poca fe",
les contestó, "¿por qué
tienen tanto miedo?"
Entonces se levantó y
reprendió a los vientos y
a las olas, y todo quedó
completamente tranquilo.

Mateo 8:26

¿Sabes nadar? Algunos de los seguidores de Jesús no sabían. Una vez, cuando estaban en un bote en un lago grande, el viento comenzó a golpear ligeramente el bote. ¡Se estaba llenando de agua! Tenían temor a pesar de que Jesús estaba en el mismo bote. Él no tenía temor de la tormenta. De hecho, ¡dormía! Sus seguidores tenían temor porque creían más en la tormenta que en Jesús. Entonces Jesús los reprendió:

—¡Tienen tan poca fe!

Creían en lo equivocado.

Muchas personas en la actualidad creen en las cosas erróneas. Tienen poca fe en Jesús y mucha fe en el mundo. Pueden venir tiempos difíciles para nosotros en este mundo. Son como la tormenta en esta historia. Puede parecer que Jesús duerme a través de tu tormenta, pero siempre debes creer en Él. Quizás la tormenta ha venido a ayudarte a creer en Él aún más.

Los seguidores de Jesús clamaron:

—¡Señor, sálvanos! —hicieron lo correcto.

La Biblia dice: "Cualquiera que clama al nombre del Señor será salvo".

Amado Dios

Gracias por salvarnos cuando tenemos fe en Ti.

"Eran como ovejas".

Jesús recorría todos los pueblos y aldeas… sanando toda enfermedad y toda dolencia. Al ver a las multitudes, tuvo compasión de ellas, porque estaban… como ovejas sin pastor.

Mateo 9:35-36

Jesús nació en Israel porque era un judío. Él ama a todas las personas, pero primero vino a su propio pueblo, los judíos. Para Dios, son como un rebaño de ovejas. Jesús llegó a ser su pastor y las llevó de regreso a Dios. Los líderes de Israel de esa época sólo se cuidaban a sí mismos. Las ovejas de Dios no tenían pastor.

Mucho antes de que Jesús viniera, un profeta llamado Ezequiel les preguntó:

—¿No deberían ustedes los pastores cuidar del pueblo de Dios? Tienen todo lo que necesitan, pero no cuidan al rebaño. No han fortalecido a los débiles o curado a los heridos. No han traído de regreso a la oveja descarriada o buscado a la perdida. Han gobernado Israel de forma severa y brutal. Se dispersaron porque no tenían pastor. Luego se convirtieron en comida para animales salvajes. Mis ovejas deambularon por todas las montañas y sobre cada colina. Se dispersaron sobre toda la tierra y nadie las localizó o las buscó.

Esta es la razón por la cual Jesús vino. Él dijo: "He venido a buscar y a salvar a los que están perdidos".

Él es el Buen Pastor que ama a todas las personas.

Amado Dios

Gracias
por ser el
Buen Pastor.

"...una casa de oración".

"Escrito está" les dijo: 'Mi casa será llamada casa de oración'; pero ustedes la están convirtiendo en 'cueva de ladrones'".

Mateo 21:13

¿Qué sucedería si vas a la iglesia el próximo domingo y alguien está vendiendo entradas? Alguien ha abierto un banco allí y las personas están en fila para conseguir dinero. Usan el dinero para pagar su entrada a la iglesia. Dentro de la iglesia, encuentras a extraños vendiendo productos religiosos, objetos de decoración, libros y presentes. Puedes comprar un himnario y una Biblia para usarlo para adorar. Almohadones y sillas están disponibles para el alquiler, si no tienes uno, debes permanecer de pie. Después de la reunión, hay refrescos, pero tienes que pagar por ellos. ¿Qué harías?

¿Harías lo que Jesús hizo? Una vez vio a vendedores que vendían animales para las personas que querían adorar en el templo. Usarían los animales como sacrificios. Las personas no podían adorar a menos que pagaran por un animal. Jesús estaba enojado porque la casa de Dios se había convertido en un lugar para obtener dinero. Entonces, sacó a la fuerza a los vendedores y a los animales y dio vuelta las mesas y desparramó las monedas.

Sólo Jesús podía hacer esto porque Él está a cargo de la iglesia. Tú estás a cargo de tu propio corazón. Al igual que la iglesia, también es la casa de Dios. Es importante guardarlo limpio y puro.

Amado Dios

Ayúdame a mantener el corazón puro para Ti.

"...produce una cosecha enorme".

"Pero el que recibió la semilla que cayó en buen terreno es el que oye la palabra y la entiende. Éste sí produce una cosecha al treinta, al sesenta y hasta al ciento por uno".

Mateo 13:23

Jesús habló acerca de cosas comunes para enseñarles a las personas acerca de Dios. No trató de confundir a nadie. Quería que las cosas invisibles, espirituales fueran claras para que pudiéramos entenderlas. También le dio a los hechos comunes un significado espiritual para que nuestras vidas nos pudieran recordar a Dios. La parábola del sembrador se trata acerca que un granjero que planta una semilla. Pero este no era un jardín de vegetales donde las semillas se plantan una por una, este granjero estaba en un campo grande plantando trigo. Cargaba una bolsa de semillas sobre la espalda. Metió su mano grande en la bolsa y arrojó la semilla a la tierra. La semilla cayó en tierra dura, en suelo pedregoso, en la maleza, y en buena tierra.

Más tarde, Jesús explicó esta historia. Dijo que el suelo es tu corazón y que la semilla es la Palabra de Dios. Algunos corazones son duros. La verdad de Dios no puede comenzar ni siquiera a crecer allí. Los corazones que no tienen lugar para Jesús son como el suelo lleno de piedras o malezas.

Entonces puedes preguntarte acerca de tu corazón. ¿Puede la semilla de la Palabra crecer allí? Simplemente ora todos los días para que Dios suavice tu corazón. Pídele al Señor que quite las piedras y las malezas. El Señor hará esto y luego, ¡la Palabra de Dios puede crecer en ti!

Amado Dios

Por favor, ¡suaviza mi corazón y permite que Tu Palabra crezca en mí!

"Su rostro
resplandeció
como el sol".

> Allí se transfiguró en presencia de ellos; su rostro resplandeció como el sol, y su ropa se volvió blanca como la luz.
>
> Mateo 17:2

Jesucristo era Dios pero vino a vivir con nosotros como un hombre. Parecía un hombre común, todos sabían que venía de una ciudad llamada Nazaret. Este era simplemente un lugar común. Creció en la casa de un carpintero con hermanos y hermanas. Casi nadie sabía que Jesús era Dios.

Un día, Jesús fue con tres de sus seguidores a la cima de una montaña. Allí,

Pedro, Santiago y Juan vieron algo que nadie más había visto antes. Vieron a Jesús como Dios. Su rostro brillaba como el sol y su cuerpo era blanco brillante.

Justo entonces, otros dos hombres aparecieron con Jesús. Ambos habían vivido cientos de años antes. Uno era Moisés. El gran líder de Israel. El otro era el profeta Elías. Pedro quería colocar carpas para adorar a Moisés, a Elías y a Jesús. Pero Dios detuvo lo que este decía: "Éste es mi Hijo amado; estoy muy complacido con él. ¡Escúchenlo!" (Mateo 17:5).

Esto sucedió para que las personas supieran que las costumbres antiguas habían cambiado. No había razón para adorar a nadie que no fuera Jesús. Moisés y

Elías habían hecho sus trabajos. Ahora Jesús terminaría el plan de Dios.

Amado Dios

Ayúdame a recordar que sólo Tú debes recibir adoración.

"Yo soy la vid".

"Yo soy la vid y ustedes son las ramas. El que permanece en mí, como yo en él, dará mucho fruto; separados de mí no pueden ustedes hacer nada".

Juan 15:5

¿Has visto alguna vez una parra? Jesús dijo que era como una parra. Los pámpanos de esta vid eran todos los creyentes en Jesús. ¿La vid y los pámpanos se separan? No. ¿Pueden los pámpanos vivir sin la vid? No, los pámpanos dependen de la vid.

Dentro de esta parra, la savia fluye

igual que lo hace dentro de un árbol. Así como la savia lleva vida a las ramas, Jesús nos da vida a nosotros. No sólo somos amigos de Jesús. No hacemos negocios con Dios. Cuando creemos en Jesús, algo increíble sucede. Su vida comienza a fluir en nosotros como la savia en la vid. Todo lo que el Señor pide es que estemos conectados a la vid. Después, como pámpanos de una parra, llevaremos fruto para Él. Pero nuestro fruto no son las uvas. Nuestro fruto es una forma de vida. En nuestra vida, encontraremos los frutos del Espíritu, amor, alegría, paz, paciencia, amabilidad, bondad, fidelidad, humildad y dominio propio.

Amado Dios

Quiero llevar buen fruto, ¡permite que Jesús fluya a través de mi vida!

"Al ver la fe
de ellos..."

Así que subieron a la azotea y, separando las tejas, lo bajaron en la camilla hasta ponerlo en medio de la gente, frente a Jesús. Al ver la fe de ellos, Jesús dijo: "Amigo, tus pecados quedan perdonados".

Lucas 5:19-20

Un día, mientras Jesús estaba enseñando, algunos líderes religiosos se encontraban sentados cerca. Los hombres siempre lo rodeaban. Venían de todos los pueblos y de lugares tan lejanos como Jerusalén. Algunos otros hombres fueron a donde Jesús estaba enseñando y llevaron a un paralítico en una camilla. No podían empujar a través de la multitud para llegar a Jesús, entonces subieron a la azotea y abrieron un hueco. Bajaron al hombre enfermo por entre la multitud justo en frente de Jesús. Él le dijo al hombre:

—Hijo, tus pecados te son perdonados.

Los líderes religiosos se dijeron el uno al otro:

—¿Quién se piensa este hombre que es? ¡Se burla de Dios! Sólo Dios puede perdonar pecados.

Jesús sabía lo que pensaban. Les preguntó:

—¿Es más fácil decir, tus pecados te son perdonados o levántate y anda? Les probaré que tengo el poder para perdonar pecados.

Luego Jesús le dijo al paralítico:

—Levántate, toma la camilla y ve a tu casa. ¡Estás sano!

Todos observaron mientras el hombre saltaba y se iba a su casa alabando a Dios.

Jesús sanó a muchas personas en su época. Pero esta no fue la razón por la cual vino. Esta historia muestra de forma clara la razón por la cual Dios envió a Jesús. Fue para que nos ocupáramos del problema del pecado.

Amado Dios

Gracias por enviar a Tu hijo, Jesús, para perdonar nuestros pecados.

"Pero ya lo hemos encontrado".

"(…) para celebrar un banquete. Porque este hijo mío estaba muerto, pero ha vuelto a la vida; se había perdido, pero ya lo hemos encontrado".

Lucas 15:23-24

Un hombre tenía dos hijos. El más joven le dijo al padre:

—Quiero mi parte de tu dinero ahora, en vez de esperar hasta que mueras. Entonces el padre dividió su riqueza entre sus hijos.

Unos días después, el hijo menor hizo sus valijas y se tomó unas vacaciones largas. Gastó todo el dinero y vivió una vida descontrolada. Luego se le terminó el dinero y comenzó a morirse de hambre. Consiguió un trabajo alimentando cerdos, pero tenía tanta hambre que incluso la comida para los cerdos le parecía rica.

El hijo, finalmente pensó de forma sensata.

—En casa, incluso los siervos tienen comida —dijo. Entonces fue a la casa de su padre.

El padre vio que el hijo venía de lejos. Se llenó de amor por su hijo y corrió hacia él y lo abrazó y lo besó. Su hijo le dijo:

—Padre, he pecado contra ti. No debería llamarme tu hijo nunca más.

Pero el padre lo vistió con las ropas

más finas. Le puso un anillo en el dedo y calzado en los pies. Toda la casa celebró con una fiesta.

—Mi hijo estaba muerto y ha regresado a la vida —dijo con alegría—. Se había perdido, pero ahora lo hemos encontrado.

Jesús contó esta historia para mostrar cuánto nos ama Dios.

Amado Dios

Gracias por Tu amor y perdón.

"Alabando
a Dios".

Uno de ellos, al verse ya
sano, regresó alabando a
Dios a grandes voces. Cayó
rostro en tierra a los pies de
Jesús y le dio las gracias.

Lucas 17:15-16

En Estados Unidos hay un día festivo que se llama "Acción de gracias". Es un día en el que se da gracias a Dios por todo lo que tenemos. Aquí hay una historia acerca de la acción de agradecer.

Un día, Jesús estaba cerca de Samaria. En un pueblo allí, diez leprosos clamaban:

—¡Jesús, ten misericordia de nosotros! Los miró y les dijo:

—Vayan a ver a los sacerdotes. Mientras iban, la lepra desapareció.

Uno de ellos regresó a Jesús gritando:

—¡Alabado sea Dios, estoy sano! Cayó a los pies de Jesús, y le dio gracias.

—¿No sané a diez hombres? —preguntó Jesús— ¿dónde están los otros nueve?

Luego le dijo al hombre:

—Levántate y anda. Tu fe te ha hecho bien.

Esta historia muestra que no muchas personas le dan gracias a Dios. Pero la Biblia dice: "Que sus vidas rebosen con acción de gracias por todo lo que Él ha hecho".

Recuerda agradecerle a Dios por todo. Tú te sentirás bien y Dios estará feliz.

Amado Dios

¡Ayúdame a recordar el agradecerte por todo!

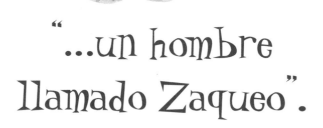

"...un hombre llamado Zaqueo".

Había allí un hombre llamado Zaqueo… Estaba tratando de ver quién era Jesús, pero la multitud se lo impedía, pues era de baja estatura. Por eso se adelantó corriendo y se subió a un árbol para poder verlo.

Lucas 19:2-4

En el mundo, a muchas personas les encanta las celebridades como las estrellas de cine o de rock, estas personas famosas por lo general, son lindas. Con frecuencia, son altas y están bien vestidas. No ves mucha celebridades de corta estatura o feas. Pero a Dios no le importa cómo lucen las personas. Lo que más le importa a Dios es tu corazón. Quiere que lo ames y lo busques, tal como Zaqueo lo hizo.

Aquí te contaré cómo Zaqueo conoció al Señor. Jesús viajaba a Jerusalén por última vez. Pasó a través de Jericó, donde vivía Zaqueo. Él era un recolector de impuestos importante en la ciudad, entonces era muy rico. Quería ver a Jesús cuando pasara. Pero Zaqueo era demasiado bajo para ver sobre las multitudes. Entonces corrió hacia adelante y se subió a un sicómoro al lado del camino. Podría ver desde allí.

Zaqueo probablemente parecía tonto en ese árbol. Era un hombre adulto y rico también. Pero no le importaba lo que la gente pensara de él. Él sólo quería ver a Jesús. Cuando Jesús pasó, vio a Zaqueo en el árbol y lo llamó por el nombre:

–Zaqueo –dijo–. ¡Rápido, bájate! Quiero ir hoy a tu casa.

De todas las personas de la multitud que estaban ese día en la calle, Jesús vio a Zaqueo. ¿Por qué? Porque Zaqueo quería ver al Señor con urgencia.

Amado Dios

Quiero ser como Zaqueo,
¡ayúdame siempre a
buscarte a Ti!

"...caminando sobre el agua".

En la madrugada, Jesús se acercó a ellos caminando sobre el lago.

Mateo 14:25

A los seguidores de Jesús les enseñaron una vez una lección acerca de cómo confiar en el Señor.

Un día, Jesús oraba solo en una montaña. Algunos de sus seguidores remaban en un bote a lo largo de un lago enorme. Llegó la noche y el bote estaba lejos de la tierra. Tenían problemas debido a los vientos fuertes.

Jesús fue a ayudarlos tarde a la noche. ¡Caminaba sobre el agua! Los discípulos lo vieron y gritaron. Creían que era un fantasma.

Jesús dijo:

—Está todo bien, ¡Aquí estoy! No teman.

Pedro, uno de los hombres en el bote respondió:

—Señor, si eres tú dime que vaya hacia ti caminando sobre el agua.

—Ven —dijo Jesús.

Pedro salió del bote y ¡caminó sobre el agua hacia Jesús! Pero después miró alrededor a la altura de las olas y tuvo terror. Tan pronto como Pedro quitó la vista de Jesús, comenzó a hundirse. Gritó:

—¡Sálvame, Señor!

Jesús lo alcanzó y tomó a Pedro.

—No tienes mucha fe —dijo Jesús—.

¿Por qué dudaste de mí?

Se subieron de regreso al bote y el viento se detuvo.

Pedro perdió la fe por una razón sencilla. En vez de mirar a Jesús, miró las olas. Jamás debemos dejar de mirar a Jesús, ¡o podríamos hundirnos también!

Amado Dios

Ayúdame a mantener los ojos en Ti y en Tu hijo, Jesucristo.

"...todo lo
que tenía".

Pero una viuda pobre llegó y echó dos moneditas de muy poco valor. Jesús llamó a sus discípulos y les dijo: "Les aseguro que esta viuda pobre ha echado en el tesoro más que todos los demás. Éstos dieron de lo que les sobraba; pero ella, de su pobreza, echó todo lo que tenía".

Marcos 12:42-44

En el templo antiguo, el dinero se recaudaba para dárselo a los pobres. Esta viuda pobre quien dio todo el dinero que tenía como ofrenda en el templo es como otra viuda que aparece en la Biblia.

El profeta Eliseo fue a una ciudad llamada Sarepta. Allí vio a una viuda juntando pedazos de madera. Le preguntó:

—¿Me traerías un vaso de agua y un pedazo de pan?

—Te diré la verdad —respondió ella—. No tengo pan en mi casa. Lo que tengo es un puñado de harina que quedó en una vasija y un poco de aceite para cocinar en el fondo de la vasija. Estaba juntando unas pocas ramas para cocinar la última comida. Luego mi hijo y yo moriremos.

Elías le dijo:

—No temas, cocina tu comida, pero primero dame una rebanada de pan a mí. Habrá comida suficiente para ti.

El Señor me dice que tendrás harina y aceite que sobrará.

La viuda hizo esto, y ella, Elías y su hijo comieron durante muchos días. Sin importar cuánta harina o aceite usara, siempre sobraba lo suficiente.

Estas dos viudas nos enseñan a no temer el dar a otros. Cuando lo hacemos, Dios tendrá cuidado de todo lo que necesitamos.

Amado Dios

Ayúdame a darles a otros así como hicieron la viuda y su hijo.

"...un frasco
de perfume".

> Mientras Jesús comía, llegó una mujer con un frasco de perfume muy caro. Se acercó a él, rompió el frasco y derramó el perfume sobre la cabeza de Jesús.
>
> Marcos 14:3 LBA

¿**Te** has preguntado alguna vez si deberías creer en Jesús? Aquí hay una historia de una mujer que creyó en Jesús y le dio todo lo que tenía.

Jesús estaba en Betania en la casa de Simón el leproso. Durante la cena, una mujer vino con un frasco de perfume caro. Lo abrió y derramó el perfume sobre la cabeza de Jesús. Algunos de los que comían con Él se enojaron.

–¡Qué desperdicio! –dijeron–. Podría haber vendido el perfume y le hubieran dado una pequeña fortuna. ¡El dinero debería haber ido a los pobres!

Luego regañaron a la mujer.

–Déjenla tranquila –dijo Jesús–. ¿Por qué regañarla si hizo algo bueno para mí? Siempre tendrán a los pobres para cuidarlos. Pueden ayudarlos en cualquier momento que deseen. Pero no estaré con ustedes mucho tiempo más. Ella ha hecho lo que pudo y ha preparado mi cuerpo para un sepelio temprano. Créanme, en cualquier lugar que se predique el evangelio, se recordará lo que esta mujer ha hecho.

Jamás es un desperdicio entregarle tu ser a Jesús.

Amado Dios

Ayúdame a darte todo lo que tengo a Ti.

¡Hosanna!

Al día siguiente muchos
de los que habían ido
a la fiesta se enteraron
de que Jesús se dirigía a
Jerusalén; tomaron ramas
de palma y salieron a
recibirlo, gritando a voz
en cuello: "¡Hosanna!"

Juan 12:12-13

Este es el comienzo de la última semana de la vida de Jesús en la tierra.

Él y sus seguidores estaban es un pueblo llamado Betfagué, cerca de Jerusalén.

—Vayan al pueblo que está allí —les dijo a dos de sus seguidores—. Verán un burro allí con su pollino al lado. Desátenlos y tráiganlos aquí.

Los dos hicieron como Jesús dijo y le llevaron los burros. Arrojaron los abrigos sobre el pollino y Jesús se sentó sobre él y fue hasta Jerusalén.

Cuando Jesús nació, lo llamaron el Rey de los judíos. Uno pensaría que Él entraría a la ciudad en un caballo alto y hermoso. Después de todo, ¡Él era el rey! En cambio, viajó en un burro bebé.

Cientos de años antes, un hombre predijo que esto sucedería. Escribió: "Díganle al pueblo de Israel: 'Mira, tu rey viene a ti. Es humilde, cabalga un burro, incluso un potrillo de burro'".

Una multitud estaba esperando a Jesús en Jerusalén. Desplegaron los abrigos sobre el camino delante de Él. Otros cortaron ramas de árboles y los colocaron en el camino. Las multitudes alrededor de Él gritaron:

–¡Bendito sea Dios el hijo de David! ¡Bendito sea Dios en los altos cielos!

Amado Dios

¡Gracias por Tu hijo, Jesucristo y por todo lo que Él ha hecho!

"...voy más
allá a orar".

Luego fue Jesús con sus
discípulos a un lugar
llamado Getsemaní,
y les dijo: "Siéntense
aquí mientras voy
más allá a orar".

Mateo 26:36

Con frecuencia, Jesús llevaba a sus seguidores para descansar y orar en el jardín de Getsemaní. Oraban allí la noche previa a que Jesús muriera. Los días previos a esta noche hicieron que Jesús se sintiera muy cansado. Pero el día siguiente sería el más duro de tu vida, el día de su muerte. Estaba tan cansado que un ángel vino del cielo para ayudarlo. Quizás hayas oído a personas que hablan de ángeles o visto dibujos de ángeles. No se muestran con frecuencia en las historias de la Biblia. Los ángeles sólo aparecen cuando algo muy importante sucede en el plan de Dios. Lo más importante que jamás haya sucedido es la vida de Jesús. Los ángeles estuvieron allí desde el principio. Un ángel les contó a María y a José acerca del nacimiento de Jesús.

Jesús pasó una vez cuarenta días solo en el desierto. Allí, no comió, pero oró. Cuando este tiempo se terminó, los ángeles vinieron a ayudarlo. La vez siguiente que los ángeles aparecieron fue aquí en Getsemaní. Había ángeles allí cuando Jesús regresó a la vida también. Hubo un terremoto cuando un ángel fue a la tumba de Jesús. La Biblia dice que este ángel lucía como relámpago y que sus ropas eran blancas como la nieve.

No deberíamos esperar que aparezcan ángeles otra vez hasta que Jesús regrese. Luego, Jesús dijo:

Amado Dios

Ayúdame a enfocarme en Ti y en Tu hijo y en nada más.

"...conmigo en el paraíso".

Luego dijo: "Jesús, acuérdate de mí cuando vengas en tu reino". "Te aseguro que hoy estarás conmigo en el paraíso" le contestó Jesús.

Lucas 23:42-43

Nunca es demasiado tarde para creer en Jesús. Cuando Jesús murió, dos criminales estaban crucificados con Él. Cada uno colgaba de una cruz. Uno estaba a la derecha de Jesús y el otro a la izquierda.

Uno de los criminales se reía del Señor.

–Entonces eres el Mesías, ¿no es así? –se burló–. ¡Pruébalo! Sálvate a ti mismo y sálvanos a nosotros también.

Pero al otro criminal no le gustaba esto.

—Estás muriendo —le dijo al criminal que se burlaba—. ¿No temes a Dios ni siquiera ahora? Hicimos cosas malvadas y merecemos morir. Pero este hombre no ha hecho nada malo. Después dijo:

—Jesús, acuérdate de mí cuando vayas al Reino.

Jesús respondió:

—Te prometo que hoy estarás conmigo en el paraíso.

El criminal murió ese día. Lo último que hizo fue creer en Jesús y ¡ahora está en el paraíso con Él!

Amado Dios

Gracias por aceptar a
todo el que cree en Ti,
sin importar cuándo.

"Reciban el
Espíritu Santo".

"¡La paz sea con ustedes!" repitió Jesús. "Como el Padre me envió a mí, así yo los envío a ustedes". Acto seguido, sopló sobre ellos y les dijo: "Reciban el Espíritu Santo".

Juan 20:21-22

Los seguidores de Jesús tenían temor, estaban confundidos y muy tristes. Pasaron tres años con Jesús, pero de repente se había ido. Lo habían arrestado y matado de una forma horrible. Tenían temor de que también los arrestaran a ellos. Estaban confundidos con respecto a lo que había sucedido y con respecto a qué hacer después. Y estaban muy tristes porque Jesús había muerto.

Los seguidores estaban en una reunión secreta dos días después de la muerte de Jesús. Todas las puertas estaban cerradas por temor a los líderes religiosos. Pero de repente, Jesús se paró entre ellos y dijo:

—Paz sea con ustedes.

Los seguidores de Jesús se llenaron de alegría cuando lo vieron. Otra vez, dijo:

—Paz sea con ustedes. No quería que tuvieran temor de los líderes religiosos. Tampoco quería que tuvieran temor de Él. Esta fue la primera vez que vieron a Jesús de regreso a la vida.

Después, Jesús hizo lo más maravilloso que uno se pueda imaginar. Sopló sobre ellos y dijo:

—Reciban el Espíritu Santo. Y así lo

hicieron. A partir de ese día, fueron diferentes porque tenían el Espíritu de Dios dentro de ellos. Él dijo:

—Estaré siempre con ustedes, incluso hasta el fin de los tiempos.

Con el Espíritu, Jesús hizo que esta promesa fuera real.

Amado Dios

Gracias por enviar al Espíritu Santo para que viva dentro de todos los creyentes.

"¿Quién eres, Señor?"

> "¿Quién eres, Señor?"
> preguntó. "Yo soy Jesús,
> a quien tú persigues",
> le contestó la voz.
>
> Hechos 9:5

El hombre que hizo esta pregunta cambió para siempre. Si todos le preguntaran a Dios: "¿Quién eres, Señor?" el mundo sería un mejor lugar.

El hombre que hizo esta pregunta se llamaba Pablo. Nació alrededor de la misma época que Jesús, cruzando el mar desde Israel. Pablo fue enviado a Jerusalén para estudiar las leyes religiosas de los judíos. Cuando joven, era muy conocido por los sacerdotes y ancianos de

Israel. Pablo era una estrella incipiente en Jerusalén.

Un día, Dios hizo que Pablo se cayera al piso y le habló. Es cuando Pablo le pregunta:

—¿Quién eres, Señor? La respuesta de Dios lo cambió.

El Señor no dijo:

—Soy el Dios de tus padres.

Pablo hubiese esperado que dijera:

—Yo soy el Dios de Abraham, Isaac y Jacob.

En vez de esto, el Señor dijo:

—Yo soy Jesús de Nazaret.

Pablo preguntó:

—¿Quién eres, Señor? y descubrió que Jesucristo es Dios.

—¿Quién   eres,   Señor?   es   una

oración poderosa y Dios está feliz de responderla:

—Yo soy Jesucristo.

Amado Dios

Gracias por decirnos claramente quién eres, tú y Jesús son el mismo.

"La gracia de
nuestro Señor..."

Ya conocen la gracia de nuestro Señor Jesucristo, que aunque era rico, por causa de ustedes se hizo pobre, para que mediante su pobreza ustedes llegaran a ser ricos.

2 Corintios 8:9

Todo rey tiene una corona. La mayoría de las coronas están hechas de oro y de joyas preciosas, pero la corona de Jesucristo estaba hecha de espinas. Las cortamos, las juntamos, las quemamos y las descartamos. Pero las malezas, las zarzas y las vides sofocadas regresan a nuestra tierra año tras año. Especies de hierbas se alinean en nuestros cercos sin importar cuánto tratemos de destruirlas.

Los mineros no tuvieron que cavar para encontrar el material para la corona de Cristo. Los joyeros no tuvieron que cortar y pulir las gemas para decorar su cabeza. La Biblia dice que hicieron una corona de espinas largas y filosas y la pusieron sobre su cabeza y le dieron un palo en la mano derecha como cetro. Después se arrodillaron ante Él burlándose, gritando: "¡Aclamemos! ¡El Rey de los judíos!"

Mucho tiempo antes de esto, Dios le dijo a Adán y a Eva:

—He maldecido el suelo. Crecerán espinas para ustedes.

En la actualidad aún tenemos espinas

que crecen alrededor. No podemos deshacernos de ellas. Pero nuestra maldición se convirtió en la corona de Cristo y nos salvó de los pecados.

Amado Dios

Gracias por cargar con nuestra corona de espinas al enviar a Jesús para que nos salvara.

"...la paz de Cristo".

Que gobierne en sus corazones la paz de Cristo, a la cual fueron llamados en un solo cuerpo. Y sean agradecidos.

Colosenses 3:15

Jesús dijo:

—Los dejo con un regalo, paz de mente y de corazón. Y la paz que yo doy no es como la paz que da el mundo. Entonces, no se preocupen y no teman.

Desde los tiempos de Jesús, se ha comparado a la paz con una paloma. Este pájaro también es el símbolo del Espíritu Santo.

Cuando el Espíritu descendió sobre

Jesús, se veía como una paloma. El Espíritu Santo nos da la paz de Dios.

Debido a que los cristianos tenemos el Espíritu de Dios, no nos preocupamos por todas las cosas. En oración, le decimos a Dios lo que necesitamos y le agradecemos por todas las cosas. Esto nos trae la paz de Dios. Esta paz es imposible de explicar. Es mucho más hermosa que lo que tu mente puede comprender. Deja que esta paz guarde tu corazón y mente mientras vives en Cristo.

Las palomas son muy tímidas. Es fácil espantarlas. Esto también sucede con la paz. Puede ir y venir como un pájaro. Un día, Jesús traerá esta paz a la tierra para que permanezca para siempre. Traerá el reino de paz.

Amado Dios

Te agradezco porque un día traerás paz a la tierra.

"...blanca como la nieve".

> Su cabellera lucía blanca como la lana, como la nieve; y sus ojos resplandecían como llama de fuego.
>
> Apocalipsis 1:14

Nadie sabe en la actualidad cómo lucía Jesús. Pero un hombre adulto lo describió en la Biblia. Juan, quien vivió en una pequeña isla llamada Patmos alrededor de sesenta y cinco años después de que Jesús murió, tuvo una visión del Señor. Vio a Jesús resucitado.

Juan estaba orando un domingo cuando oyó una voz detrás de él, resultó ser Jesucristo. Juan escribió que Jesús vestía una túnica larga con un cinto de oro que cruzaba su pecho. El cabello era lanoso, tan blanco como la nieve. Los ojos le resplandecían como fuego. Los pies eran como bronce puro y brillante. La voz tronaba como las olas del mar que golpean en la costa. Tenía siete estrellas en la mano derecha y una espada filosa salía de su boca. El rostro era brillante como el sol en un perfecto día claro.

Cuando Juan vio a Jesús, se desvaneció. Pero Jesús le dijo:

—¡No temas! Yo soy el primero, el último y el que vive. Estaba muerto y mira, ¡estoy vivo por siempre y siempre!

¡Piensa acerca de eso! Jesús está vivo ahora mismo. Nos sostiene y nos ama como a esas siete estrellas que tiene en la mano.

Amado Dios

¡Gracias por ser
nuestro Señor
maravilloso
y vivo!

"...un cielo nuevo y una tierra nueva".

> "Después vi un cielo nuevo y una tierra nueva… Vi además la ciudad santa, la nueva Jerusalén, que bajaba del cielo, procedente de Dios".
>
> Apocalipsis 21:1-2

¿Sabes cómo termina la Biblia? Al final, el cielo viene a la tierra. Juan vio esto en la visión. Es una ciudad santa llamada la Nueva Jerusalén. Bajará desde el cielo, desde Dios. Esta ciudad es como una novia hermosa que está lista para casarse con su esposo.

Juan oyó una voz que venía desde el trono de Dios.

—Mira —dijo la voz—. ¡La casa de Dios está ahora entre la gente! Él vivirá con ellos. Ellos serán su pueblo. Dios estará con ellos. Todas sus lágrimas se enjugarán. No habrá más muerte, aflicción, llanto o dolor. El mundo viejo se ha ido para siempre.

Luego, el que estaba sentado en el trono dijo:

—Mira, ¡Yo hago todas las cosas nuevas!

Esta ciudad maravillosa de Dios es la esperanza de todo cristiano. Todos estaremos allí viviendo con Dios en la nueva tierra.

Esta es la promesa de Dios:

–¡Está hecho! Yo soy el Alfa y la Omega, el principio y el fin. Les daré de beber libremente a los sedientos, agua del manantial, del agua de vida. Yo seré su Dios y ellos serán mis hijos.

Amado Dios

¡Gracias por tu gloria que dura por siempre y siempre!

"...el árbol
de la vida".

Luego el ángel me mostró un río de agua de vida, claro como el cristal, que salía del trono de Dios y del Cordero, y corría por el centro de la calle principal de la ciudad. A cada lado del río estaba el árbol de la vida.

Apocalipsis 22:1-2

¿**Recuerdas** los primeros dos capítulos de la Biblia? Cuentan la historia de la Creación de Dios, del cielo, la tierra y todas las cosas. Adán y Eva estaban allí viviendo en un perfecto jardín en el Edén. Había un río y un árbol de vida. Estos dos capítulos de la Biblia cuentan cómo era el paraíso de Dios. Dios era todo para las personas que vivían allí. Amaban a Dios y vivían por Él y Dios los amaba a ellos. Juntos caminaban a través del jardín en el fresco del día.

¿Recuerdas el tercer capítulo de la Biblia? En él, el hombre y la mujer fueron tentados y se alejaron de Dios. De repente, el paraíso se había ido. Fueron cortados del árbol de la vida y perdieron todo. Luego la Biblia comienza a contar la historia de cómo Dios trae de regreso a Él a los hombres y las mujeres. Esta historia corre por 1885 capítulos y 66 libros de la Biblia, los cuales contienen ¡treinta y un mil versículos! Finalmente el libro de la vida se abre y, el infierno y la muerte son arrojados al lago de fuego.

Luego vienen los últimos dos capítulos de la Biblia. Aquí otra vez está el paraíso, regado por el río de la vida. Aquí está otra vez el árbol de la vida. ¡Aquí amamos a Dios y vivimos con Él para siempre!

Amado Dios

¡Gracias por lo que has hecho, por lo que haces y por lo que harás!

Daniel Partner es un autor y editor cristiano experimentado que vive en Oregon. Sus libros incluyen *The Wonder of Christmas* [La maravilla de la Navidad], *All Things Are Possible* [Todas las cosas son posibles], *Women of Sacred Song* [Mujeres de canción consagrada] (escrito con su esposa, Margaret).

Todos se encuentran disponibles en librerías cristianas de los Estados Unidos.

Además de publicar sus obras, Daniel se dedica a preservar y tocar la música popular estadounidense de mediados del siglo XIX.

También de
Casa Promesa

Oraciones de la Biblia para la Hora de Acostarsepor Jane Landreth
978-1-61626-100-9
$5.99 / Rústica / 256 páginas / 5 x 7

Yendo un paso más allá de historias bíblicas, este libro a todo color anima a los niños de 5 a 8 años de edad, a detenerse y pensar en el significado de cada oración presentada. Más de cinco docenas de oraciones se incluyen en divertidas historias y son acompañadas con ilustraciones y diseños a todo color.

Disponible donde libros cristianos son vendidos.

HANDWRITING
ANALYSIS

HANDWRITING
ANALYSIS

Anita Byrd

ARCO PUBLISHING, INC.
NEW YORK

Published by Arco Publishing, Inc.
219 Park Avenue South, New York, N.Y. 10003

Library of Congress Cataloging in Publication Data

Byrd, Anita.
  Handwriting analysis.

  Includes index.
  1. Graphology. I. Title.
BF891.B93   137   81-3461
ISBN 0-668-05307-0 (Cloth)   AACR2
ISBN 0-668-05311-9 (Paper)

Printed in the United States of America

10 9 8 7 6 5 4 3 2

TABLE OF CONTENTS

Introduction

Interest in handwriting analysis goes back to ancient Rome. Nero once said he distrusted a certain man at court because his handwriting showed him to be treacherous. In eleventh-century China, Kuo Jo Hsu said handwriting can help you tell a person who is noble-minded from one who is vulgar. Edgar Allan Poe was an amateur handwriting analyst; Gainsborough always kept a letter written by his model on his easel.

It wasn't until the end of the eighteenth century that handwriting analysis was recognized as a science. Since then its popularity has grown tremendously. Today it is used in business, psychology and courts of law. It is widely used in police departments for identification and forgery detection.

One of the newest uses for handwriting analysis is with hypnosis. It has been discovered that when a person is made to regress hypnotically to his childhood, his handwriting reverts to that of the child.

Since handwriting is a learned subconscious habit, it is possible to change some of our disagreeable character traits by changing the way we write. By changing the structure of the letters and practicing the change until it becomes a learned subconscious habit, our personality will change accordingly.

Not only is the mind reflected in handwriting, the body is also—headaches and general ill health are easy to spot in handwriting. Signs of specific illness such as heart disease, epilepsy, tuberculosis and cancer are shown in handwriting. Medical graphology is now being studied with positive results by medical researchers.

Handwriting shows honesty and dishonesty, happiness and sadness, vitality and weakness, moods, thoughts, feelings, sexual attitudes, ego, self image, confusion, satisfaction, greed, generosity, religious attitudes, psychic awareness, and much more. There is almost nothing you cannot tell about a person by reading his handwriting.

Handwriting is a learned subconscious habit. Through repetition, it has become an automatic response reflecting our character and moods. A voluntary change in handwriting will be reflected in a change in personality (after the change becomes subconscious). The mind influences handwriting; therefore, the handwriting can influence the mind. It is possible to break bad habits, improve memory, increase self-esteem, alter aggressive behavior, block sensitivity to criticism, increase self-assertion and much more.

The subconscious mind is susceptible to self-suggestions. Our personality is a direct result of the suggestions we have accepted throughout our lives. So when we voluntarily change our handwriting — through repetitious exercise — we are giving a powerful suggestion to our subconscious minds to change our personality.

Changing handwriting breaks undesirable habits or changes negative characteristics, replacing them with desirable habits.

Take a plain piece of paper and write, in your normal handwriting, about one-half page. Decide what personality trait or characteristic you would like to change, improve or alter. Find which strokes in your normal handwriting reflect the trait you will be working with. Find the handwriting characteristic sign for the trait you would like to achieve.

For instance: Sensitivity to criticism is indicated by a looped T-bar. For you to become less sensitive to criticism, that loop must be eliminated.

Find a phrase or quotation you like and write it in the new handwriting style. Write it over and over again. Practice about ten minutes a day. Strive to write the new way in all your writing — shopping lists, notes and personal letters.

If you practice faithfully, in about a month you will begin to write in the new style automatically. At the same time you will begin to feel a change in your personality.

Through this basic, simple method you can become a happier, better adjusted person. Try it!

General Instructions

When analyzing handwriting — if at all possible — get a full page or even two full pages of writing. People will start off the writing by being too aware of how it looks. They draw their letters. As the writing goes on, the subconscious mind takes over and the normal handwriting appears. Start your analysis there.

You will need a magnifying glass to detect very fine lines, hooks and dots. A sheet of paper with dark, heavy lines will be helpful in determining slant until you develop an eye for it.

As a beginner, you will find it helpful to follow a set procedure for analysis. Here is the one I have found to be thorough and effective.

1. Rhythm
2. Margins
3. Slant: baseline and letter
4. Pressure
5. Zones
6. Size
7. Spacing
8. Angular or rounded
9. Garland or arcade
10. Intuitive or logical
11. Diplomatic or gullible
12. Connecting strokes
13. *t*'s, *i*'s and *I*'s
14. Beginning and ending strokes
15. Greek letters
16. Effecting words
17. Small letters
18. Lower loops
19. Capitals
20. Dishonesty
21. Health
22. Frustration and emotional health
23. Anything not covered before: doodles, specific questions answered and so forth
24. Sexuality
25. Job aptitude
26. Signatures and underscores

I have attempted to be as thorough as possible in this guide. You may, however, still find some letter strokes or configurations not listed. You must then analyze according to form, size, pressure, rhythm and angularity.

Never judge a character trait by only one sign. Always use a combination of signs. Never proclaim a characteristic or personality trait by a sign's appearance only once or twice in a writing. Take the configuration which appears most often for personality and character, with occasional configurations, indicating mood, attitude and so forth. For instance, if you find three looped *t*-stems and six closed *t*-stems it would not show a great sensitivity to criticism. The looped *t*-stems could show a sensitivity connected to the word in which it appears or it could indicate a mood or temporary attitude.

When you are beginning, it may be helpful to use the procedure I have listed for you. Write down your findings, one by one; then combine them to form the personality analysis, state of health, moods and attitudes.

Take into account the person to whom your sample was written. A letter to an ex-wife or bill collector may show strong signs which would be weaker in a sample written to you for analysis. For a clearer picture, try to use samples written specifically to you for analysis.

Chapter 1
Rhythm

Regular, balanced rhythm: a well-balanced sign of vitality and good willpower; must be coupled with other signs

Regular Rhythm

Good balance

Irregular and unbalanced rhythm: temperament, inconsistency and weak will; must be coupled with other signs unless extremely irregular

Irregular Ryhthm unbalanced

Threadlike or snakelike: with other strength signs — a subtle nature with high intelligence, fitness and sophistication; without strength signs — lack of willpower, instability and opportunism

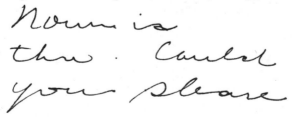

Chapter   **2**
Margins

Normal margins are three-fourths inch to one inch. You cannot derive a meaning from a bottom margin unless there is more than one page of writing. Take into consideration that the person may have had a lot to say in a limited space.

Margins show generosity, judgment, attitudes about past and future and attitudes toward sociability.

Even and consistent margins all around: good balance and judgment

Wide margins all around: good taste, love of fine things; a willingness to spend money and good judgment with finances

Too wide margins all around: loneliness and isolation; a fear of the past and future

Wide left margin/normal right: generous to self; could be escaping the past or unhappy childhood or snobbishness

Wide left margin/narrow right: same as the above but the person also needs to be accepted; reaches out to the future; self-indulgent but cautious about giving

Wide right margin/normal left: generosity to others — if not sincere then from a sense of propriety; extravagant and showy

Wide right/narrow left: same as above plus a desire to be liked by others but still afraid of social situations; fear of future or a sign of being "penny wise and pound foolish"

No definite margins: sporadic generosity, poor money management; giving way to impulsive spending and saving; lack of self-control in finances

Wide left and right margins/narrow top and bottom: love of luxuries with a willingness to spend money but with poor judgment for getting value; will often be cheated by tradesmen

Wide top margin/normal bottom: formality and respect for the reader; could mean a feeling of inferiority around those in authority

Wide bottom margin/normal top: sexual or emotional troubles; may appear rather superficial

Narrow top margin/normal bottom: disrespect for the reader; lack of formality; may be struggling to stay on top in business or in society

Narrow bottom margin/normal top: sensual fantasies; may be fatigued or depressed; importance placed on material things

Narrow margins all around: getting full value from money; traits explained below

Narrow side margins/normal top and bottom: lack of artistic taste; a tendency to invade personal territory by standing too close to people — needs comfort and physical touch

Narrow left margin tapering to wide toward the end: generosity forced to practice economy; starts off with good intentions but true generous nature takes over; may also find it difficult to stick to a budget or diet

Wide left tapering to narrow toward the end: temporary splurges of extravagance quickly controlled by true thrifty nature; could also be a sign of illness, depression or unsociability trying to be overcome

Wide right margin tapering to narrow toward the end: trying to overcome shyness

Narrow right margin tapering to wide toward the end: withdrawing from others

Squeezed right margin: taking on more than can be handled at present time — financially or emotionally

Opposite margins on two samples by two different people: a basic attraction between the two BUT NOT NECESSARILY COMPATIBILITY

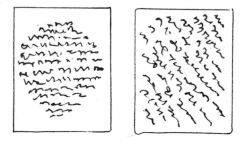

Deliberately creative margins: a call for attention; must be combined with other signs to tell what kind of attention is wanted

Chapter **3**
Baseline Slant

Slant may vary from day to day depending on mood, energy and health. Only when it is consistent in several samples can it be considered a character trait.

Uphill: happy, hopeful, optimistic, joyous and trusting; too pronounced shows "head in the clouds"

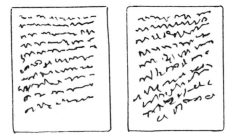

Downhill: pessimism, depression, fatigue or illness; combined with pasty, irregular writing; could show indigestion but only if such signs are not normally shown

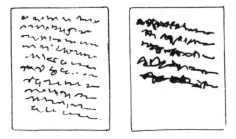

Wavy: varying moods, different interests, dislikes routine, impatient with anyone or anything which threatens to bind; fickle, with difficulty in making decisions

Even: stable emotions and realistic values; good control but lacks spontaneity

Erratic: emotional problems; seriousness depends on other signs and the degree of erraticism

Bowl shape: doubts or weaknesses (either emotional or physical) in the beginning but with new strength and energy in the end

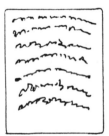

Mound shape: high hopes and strength but loss of interest or energy before project is finished; with other signs, mound could show diplomacy

Separate words ascending from baseline: short spurts of enthusiasm and elation but lack of continuity or determination

Separate words ascending from

Separate words descending from baseline: trying to overcome depression or a pessimistic nature

Separate words descending from

Occasional words dipping or rising: called effecting words and showing a subconscious reaction to the effecting word's meaning

My mother told me not to go near the water.

Chapter 4
Letter Slant

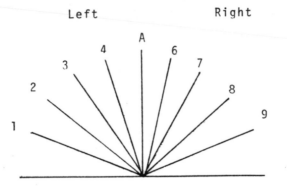

Left   Right

A. Even balance between emotions and mind. Self-control, does not mind solitude, cautious and undemonstrative

Even, good balance

6. This is the most common slant — friendly, affectionate, cooperative

The most common

7. Sensual, likes physical affection, individualistic

Sensual, affection

16

8.   With light pressure: extremely imaginative. With normal to heavy pressure: everything is expressed through emotions, needs physical attention, possessive and jealous

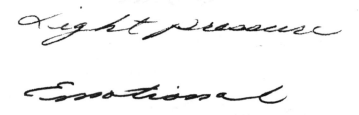

9.   Extreme of number 8. Unable to cope or adapt. Could have violent temper

4.   Love of history, tied to the past and family, mind controls emotions, reserved, difficulty in expressing emotions

3.   Draws back from others, difficulty in communicating, uncomfortable in crowds; a cold, aloof attitude may be a coverup for inhibitions

2. Extreme and unbalanced withdrawal

Extreme (handwritten)

1. More extreme of number 2. Cannot cope with emotions or love; possibly rejected by parents; fear of the future or evading reality

Varied slants: moody, unstable emotions; emotions and intellect are in conflict

Varied Slants, show

unstable emotions (handwritten)

Occasional conflicting slanted letter: usually occurs with a looped letter; cautious in accepting new ideas or in meeting new people

Occasional conflicting

slanted letters (handwritten)

Chapter 5

Pressure

To determine pressure, run your fingers along the back of the paper. Pressure is the way writing *feels* on the back of the page; it is *not* how it *looks* on the front. If the writer uses a felt tip pen, pressure is difficult to determine.

Pressure indicates how intently a person feels his emotions — not how they are expressed. That is shown in the letter slant.

Heavy: Strong desire for material gratification, must see something to believe it, carries a grudge for a long time, has a strong sense of color and music and a good imagination, with good rhythm, ESP, spiritualism and a good sense of the visual

Heavy, material

Heavy only in the lower zone: Strong sensuality

Heavy only in lower zone

Heavy only in the middle zone: Emphasis on day-to-day concerns

Heavy only in middle zone

Medium: Good control, average feelings

Medium, good control

Light: Introverted, sensitive to loud noises, prefers light colors, nonaggressive manners, does not carry a grudge but remembers for a long time, tires easily; with artistic writing, imagination and idealism; with uneven baseline and no rhythm, lack of self-confidence and unwillingness to accept responsibilities.

Light, sensitive

Uneven: Inconsistency; easily swayed by moods, indecisive, quick-tempered, irritable, inclined to worry

Uneven, easily swayed

Muddy: Jealous, self-indulgent, crude; lack of sensitivity; "What's in it for me?" attitude; any show of idealism is a sham; high vitality levels

CAUTION: When interpreting a muddy writing, be sure it is not the fault of the pen or absorbent paper. When in doubt, ask for another sample.

Chapter 6
Zones

Zones in writing have bearing depending on which zone is emphasized.

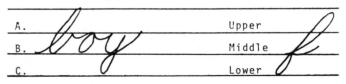

A.		Upper
B.		Middle
C.		Lower

A. Upper zone: fantasy, dream world, abstract, philosophy and metaphysical; religious concepts and anything dealing with the mind

My dog has fleas

B. Middle zone: balance of both fantasy and reality; daily activities and daily life are emphasized

My dog has fleas

C. Lower zone: physical zone, materialistic, the five senses, a need to experience something to believe it, money, sexual and sensual activities are important

My dog has fleas

Chapter 7
Size

Tiny: pays attention to detail, good concentration, uncommunicative; with wide margins, withdrawal from others

Pay attention to details, good concentration

Small: pays attention to detail, nonaggressive, conservative, uncomfortable in crowds

Pays attention to detail, conservative

Average: look for other signs

Look for other signs

Large: extrovert, sociable, does not like being alone; with good rhythm and artistic signs, romanticism and sentimentality; outgoing and dramatic; the larger the writing, the more the person seeks the limelight

Extrovert, Large

Large and angular: strong desire to have own way, critical and analytical, aggressive, impatient, rigid in thoughts, uncompromising

Critical, rigid

Wide: need of space; love of travel, lack of tact and diplomacy; tendency to boast; difficulty in concentrating; need for friendship; sometimes termed a "bull in a china shop," especially if writing is large and has strong pressure

Need lots

of room

Narrow: reserved, inhibited, self-control, sometimes suspicious and distrustful, unaggressive

Reserved, self control

Large with middle zone emphasized: wants fame and fortune, love of luxuries, love of gourmet food, inclination to overweight

Large, middle

Large and narrow: cool and aloof exterior but shy and unsure inside

Uneven: changeable, moody, does not like to be tied down, excitable, quick-tempered

Wide tops/narrow bottoms: cautious about talking to others, suspicious

Wide bottoms/narrow tops: talks too much, too open, indiscreet

my dog has fleas

Chapter · 8
Spacing

The rules here apply to both spacing between the letters and spacing between the lines. A writer need not have both to have the trait indicated. For instance, wide spacing between letters but normal spacing between lines still shows generosity.

Wide: generous but cautious

Generous but cautious wide

Very wide: extravagant, egotistical

Very wide extravagant, ego

Even: good balance, careful, friendly

Even, good balance, careful, friendly

Uneven: changeable, insecure, gullible, difficulty in communicating

Uneven, changing insecure gullible, difficulty in comm.

Narrow: talkative, impulsive, frugal

Narrow talkative, impulsive frugal Narrow spacing, hard

Chapter 9

Angular or Rounded Letters – Script Style

School script: in anyone over eighteen shows emotional immaturity, follows orders and directions; no creative ability; can be childish and naive

My dog has fleas

Creative script: artistic; designs own letters to please the eye and call attention to himself as a talented person

TTTy dog has Fleas

Mostly rounded: friendly, eager to please, sociable, easily led, suggestible; learns by repetition, non-aggressive, willing to cooperate; with light pressure, a gentle nature; with heavy pressure, normal traits of rounded letters but also self-assertion

Mostly rounded

Rounded with angular capitals: self-assured exterior, soft and sentimental interior

My Dog Fido

Rounded with heavy pressure/even and pretty: writing so perfect it looks like professional lettering shows a person who would like to break out and be emotionally free but does not have the stamina or courage to do so

Round letters

Rounded/small: good-hearted, friendly with a mind unusually sharp and quick

Rounded small

Angular: analytical, inquisitive, probing mind, critical and not easily led or fooled; curious, sharp, acute mind, quick thinker; does not mind difficult tasks; extreme angular could show sulkiness, cruelty or a desire for revenge

Angular, probing mind

Flair: a call for attention; love of social life and glitter; strong ego

Flair Shows

Angular/large: aggressive and ambitious; rarely makes a compromise

Angular/small/legible: extremely analytical mind, keen and sharp

Angular/small/squeezed: miserliness; secretive and skeptical

Angular/large/clumsy: self-absorption, little concern for others; could be what is called artistic temperament

Angular/curved baseline: inwardly soft and unsure, pushover; aware of it and makes every effort to overcome and hide it

Angular/extreme: with no roundness at all, no spontaneity, rigid, harsh, cruel, close-minded, many prejudices

M, m, N, n with rounded beginning and angular end: changing to a more analytical personality, thinking process speeding up

M, m, N, n with angular beginning and rounded end: thinking processes slowing down, becoming more suggestible

Angular tops/rounded bottoms: highly developed critical mind but emotionally sensitive

Completely controlled: extreme self-control, lack of spontaneity; inability to show true feelings

Chapter 10
Connecting Strokes – Garlands and Arcades

Garland: loves luxury and pleasure, tends to be lazy; gracious, showy; likes to be noticed and needs admiration; the deeper the garland, the more pronounced the traits

Now is the

Now is the

uuuuuu

Arcades: self-protection, good planners and builders; secretive and cryptic; love of convention and formality; with good rhythm, creativity and sociability; with immature and crude writing, fickle and vain or hypocritical and deceitful; the more pronounced the arcades, the stronger the traits

Now is the

Time for

all good

mmmm

You will find both garlands and arcades in most writings. This shows a good balance of self-protection and sociability. When a writing shows almost all deep garlands or all arcades then the behavior becomes extreme.

Now is the time for all

Arcade/angular: mental disturbance, emotional torment

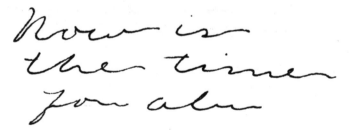

Threadlike: if not caused by speed of writing, insight, versatility and adaptability; could be evading decisions, hysteria and suggestibility; threadlike letters depend a great deal on other signs for their meaning

Now is the time for all

Snakelike: intelligence and diplomacy; in immature or clumsy writing, lack of decision-making ability, changeable and suggestible

Now is the time

Chapter 11
Intuition and Logic

A. The intuitive mind has many breaks in words, high points on *r*'s and *s*'s, high ending strokes and flying *t*-bars. The more of these signs, the more intuitive the person is.

Hickory Dickory Dock, The mouse

B. A logical thinker will have all the letters in a word and sometimes several words connected. He thinks out his sentence ahead of time — before his pen touches the paper.

Hickory Dickory Dock, the mouseran

Chapter 12
Diplomacy/Tact or Gullible/Naive

A. Words tapering to small at the end show diplomacy and/or tact.

This is the house

B. Words growing larger at the end show gullibility and/or naiveté.

this is the house

Chapter 13
Connecting Strokes

See also, Connecting Strokes — Garlands and Arcades

Disconnected letters: intuition and perception if occurring occasionally; almost all letters disconnected shows lack of concentration, scattered thoughts

Disconnected letters
too many disconn

Connected: logical and organized mind, love of order, perseverance; thinks things through before acting

Logical and methodical

Connected/clumsy: in clumsy and unrhythmic writing, materialistic, in a rut, no personal initiative

Connected clumsy
shows no personal

Even/neat: organized, orderly, logical

Even and neat

Uneven: emotional nature, variable, illogical

uneven strokes

Long: goal-minded, impatient, aggressive and brash, basic generosity

long stroke

Angular/narrow: caution, tension, suspicion

angular narrow

Shaky: could be from extreme age, alcoholism or emotional troubles

shaky connbation

Graceful and curved: sociable, graceful, affectionate, flexible and adaptable

graceful

Chapter 14

Letters in General – Letter Groupings

Apart from the individual meanings for each letter, there are strokes which apply to many or all letters.

Printed: culture, taste, uncluttered thinking

My dog has fLeas

Square: interest in mechanics, building and architecture

My dog has fleas that make you sneeze

Flair: artistic, sociable, likes attention and the limelight; if too ornate, fussy, vulgar, egotistical

My dog has fleas that make

Scrolled: greed, egotism

Simplified: intelligent, quick thinker, logical

Musical notes: musical ability or musical appreciation

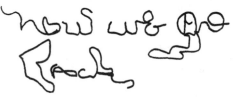

Numbers: interest or talent in mathematics, logic

Unusual or bizarre: sexual perversions or sexual fetishes

Long ending strokes on capitals: self-admiration

Copybook: emotional immaturity, simplistic thinking; follows rules without question

A dog is man's best

a, o, g (upper circle) Closed: close-mouthed, introverted, honest to self and others

a o g

Top loop: strong purpose

a o g

Closed with loop on left: dishonest to self or not facing the truth about self

a o g

Closed with loop on right: dishonest to others

a o g

Closed with loops on left and right: dishonest to self and others

a o g

Open: honest to self and others, open to communication

Open and looped on left: talkative and dishonest to self; likes to rationalize rather than face the truth

Open and looped on right: talkative and dishonest to others; compulsive liar — and knows it

Open and looped on left and right: talkative and dishonest to self and others; compulsive liar — but does not know it

Ink-filled: strong sexual appetite; if the writing is overly ink-filled and is generally messy, the writer is a dangerous sexual fanatic who may kill

CAUTION: MAKE SURE THIS IS NOT THE FAULT OF THE PEN

Greek letters: culture, refinement, appreciation of the arts

d:

e: ℰ *teach*

g: 𝑔 𝑆

r: 𝑟 ℛ

s: 𝑠   *as*

Chapter 15
Small Letters

a

Greed, unreliability

Prissy, knitpicking

Dishonest, sign of deceit

Narrow with a knot: secretive

Open right: gossip

Faker, liar

Angular connecting or ending stroke: secret greed

and   *a*

b

Knotted: cautious

Long and sharp: resentment

Corrections: glutton for punishment, worries, imaginary illnesses

Loop: witty, colorful, imaginative, poetic

Inflated: vivid imagination

Short/inflated: likes to talk about self

boy

Angular bottom: rigid and unyielding, penetrating mind

c

Angular top: fast thinker, analytical

Pointed cap: sharp and alert

Curled: sexual fantasies or deviations

Like an undotted *i*:   impatience, quick thinker

Narrow: shy and reserved

Ending stroke underlining the word: love of self

Angular: stubborn, resentful, penetrating mind

Complex: calculating

Teardrop: sense of responsibility toward others

d

Looped: sensitive to criticism in sexual areas; the wider the loop the more sensitive

Double loop: diplomatic, tactful, silver-tongued

Lazy, sluggish

Close-mouthed, holds things inside

Short stem: independent, does not care what others think

Tall: idealistic, lofty, spiritual

Separation of mind and body; take-it-or-leave-it attitude toward sex

Blunt ending stroke: stubborn and obstinate

d

Ink-filled: sensual

e

Well-rounded: suggestible and broad-minded

we

No loop: analytical, quick thinker

we

Narrow: narrow views

we

Ink-filled: sensual

we

Calculating mind

we

f

Well-balanced: organized, good balance between physical and mental

f f

Rounded: suggestible to both physical and abstract

Large lower loop: suggestible to physical influences but critical of abstract; physically oriented and active

Large upper loop: critical of physical but suggestible to abstract

Short lower loop/inflated: interest in food

Graceful: graceful and poetic

Tied: intense

Looped left: persistent

Triangular bottom: determined

Sharp bottom: penetrating mind; rigid

Quick thinker; simple tastes

Cross: fatalistic; could be religious fanatic; concentration

Ink-filled: sensual

g and y

The lower loop of the g and y shows attitudes and feelings toward sex, money and material concerns. *See also, a, o, g* (letter groups).

Inflated: strong sexual imagination, materialistic, strong sexual urges, strong desire for wealth

Pointed bottom: penetrating mind, sexual resentment, becoming more interested in facts than details

Pulled left: attachment to mother and/or past

Vanity

y only, backward loop: overly generous, self-sacrificing; subordination

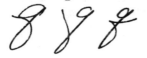

g only, backward loop: one of the signs of female homosexuality but must be combined with other signs to be valid

Right check: altruism

Ascending end stroke: sexual or monetary optimism

Descending end stroke: sexual or monetary depression, giving up

Looped triangle: eccentric sexual or monetary habits

Odd loops: sexual or monetary persistence

Large loops/left slant on right slant writing: strong vitality, physical desires kept in check

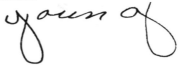

Left slant triangle on right slant writing: inhibited, receives no enjoyment from sexual involvement

Triangle: sexual frustration, broken romance, a desire for the male body

Straight line: critical of physical urges, good powers of concentration, clannish

Long straight line: thinks about sex often but does little about it

Blunt straight line: supervisory ability, stubborn, independent, determined

Straight angular check: strict with self, puritan attitude, strong initiative

Left arcade: ignoring sexual urges, sexual irresponsibility

Long and curved: sexual romantic, poet

Not crossing the downstroke: not following through sexually, masturbation

Open scroll: impotence, sexual problems

Small triangle: stubborn and cautious in sex

Small rounded triangle: sexual anxiety; one of the signs of homosexuality but must be combined with other signs to be valid

Two or more kinds of lower loops in the same sentence or paragraph: uncommon and unconventional sexual habits; desire for variety

Small checks or unfinished loops: clannish, not following through sexually, critical

Compressed backward check: never gives true inner emotions, keeps true feelings inward, secretive, cautious, sexually repressed

Open bottom: poor money handler

Left slant/not following through: avoiding sexual contact, not following through sexually

Shaky/not following through: weak-willed, shy and timid sexually; could be from extreme age

Flat bottom triangle: need for strong physical and material attachments

h

Large loop: suggestible to the abstract

Tall: exaggerated behavior, needs to make a good impression

Tall/narrow or no loop: critical of abstract

High round loop: spiritual awareness, idealism

Short loop: no interest in spiritual matters, energies are used up in daily living

Straight line: definite in spiritual views and beliefs

Will not debate or compromise, stubborn

Corrections: imaginary illnesses

i

No dot: not paying attention to details, forgetful

Carefully placed dot: careful with details, decisive, well-ordered, good powers of concentration

Blob: materialistic, sensual

Light: sensitive, unaggressive; if high above stem, lives in fantasy, spiritual, psychic

To the right: hasty, quick thinker; without rhythm, impatient and impulsive

Lower than stem: poor health, extreme self-control, self-abasement

To the left: cautious, shy, fear of the future, anything new looked upon with trepidation

Long: creative, active, abundant energy

Club shape (any position):   irritable

Curved: sense of humor, playful

Circle: desire to be different or to change

Circle filled in: desire to change but not yet ready to face it; could be call for attention

Used as ending or beginning stroke: quick thinker

Hooked: tenacious, hanging on, retentive memory, active

in

Heavy: aggressive, negative attitude, likes to have last word

in

High: high imagination, reaching for high goals; if too high, reaching for false goals

in   in

Check: left, critical of self; right, critical of others; center, critical of the abstract

in   in   in

Like c: good observer

in

Backward c: emotional troubles, neurotic

in

j

The lower loop is read like *g* or *y*. The upper part and dot are read like *i*.

k

Narrow loop: opinionated

k

Initiative and enterprise

Wide: doesn't care what others think, independent

Vanity, insecurity

Tied up in knots, vanity

Stubborn

High: idealistic, good imagination

Tall skirt: rebellious, defensive

l

Wide: suggestible to the abstract, good imagination

Sharp/narrow: keen, penetrating mind

Angular connecting stroke: resentment

look

Tall: good organizer, lecturer

look

Break in downstroke: bad heart, illness

Loop

Corrections: imaginary illnesses

Loop

m and n

Garland: friendly, quick thinking, grasping for knowledge

money

Conflicting mentality and emotions

m m

Looped: second sight, clairvoyance

money

Pretentious and snobbish

ss ss

Four humps: tense, pressured, lack of concentration

mn

Lower loops: protective, worrier, mother hen

Crossed-out: when occurring in a signature, suicidal thoughts

Squeezed: trying to hide true personality, dislikes notoriety

Thinking process is slowing down, giving up

Stubborn, will not compromise

Tapered: intelligent, quick thinking, adaptable

Angular: analytical, investigative

o

See also (a, o, g).

Closed: secretive

Open right: sincerity

Arcaded: sense of humor, talkative

Open bottom: hypocritical, dishonest

Open left: greedy, acquisitive, egotistical

Pointed bottom: penetrating mind, sharp thinker

Ink-filled: sensual, strong sexual appetite

p

Inflated: likes physical action, always on the move

Tall cap: kind, affectionate

Narrow or no loop: good physical endurance

Tall upper loop: good imagination, pride, love of debate

Short upper loop: likes to argue

Left arc: stubborn and narrow-minded

Creative, quick thinker, active

q

q's are read like *g*'s.

r

High point: psychic, visually oriented, curious

Could be lazy, slow thinker

Romantic and affectionate

Narrow: repressed emotions, secretiveness, inhibitions

Like an undotted *i*:   sharp and critical mind, not easily led

Flat top: manual dexterity

Wide: broad-minded

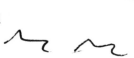

Looped: sense of humor, vanity

S

Closed: secretive

Left ending: stubborn, closed to changes and new ideas

Obedience to rules, imagination

Drive and energy, ambition

Tenacity

German s: old-fashioned, clinging to tradition

t

Even pressure, even, careful bar: attention to details, balanced and calm, self-control

Long and heavy: domineering

Light pressure: weak, timid and shy

Very long: enthusiasm

Long and light: impatience

Very short: reserved, self-control; with poor rhythm, timid

Uphill: optimistic, ambitious, aspiring

Tent: love of intellectual games and mental exercise

tonight

Downhill and light: resignation

to   to

s wave: practical joker

t

High and long: domineering, self-confidence

to

Low on stem: patience, low self-image

to

To the right: hasty, impulsive, tactless

to

To the left: not following through with plans, procrastination, caution

to

To the left of looped stem: hypersensitive to criticism

l

Any cross with looped stem: sensitivity to criticism

Wavy: fantasizing, good sense of humor, charm

Downhill wavy: extremely obstinate and iron-willed

No bar: forgetful, no willpower, depression

Carefully retraced stem: inhibitions

Straight and rigid beginning stroke: resentment and stubbornness

Hooks: tenacity

Club shape: violent temper, could show brutality

Club/uphill: aggressive and pugnacious

Dart: sarcasm

High bar: ability to make long-range plans, high self-esteem, idealistic

Descending club: brutal, cruel, cynical

Needle: cruel, wicked

Bowed down: self-control, devotion but under emotional pressure

Bowl: devotion

Dish: fickle

Down/heavy: brutal temper, aggressive, stubborn

High above stem: high imagination, long-range goals, lofty ideals; if too high, unrealistic goals, daydreamer

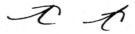

Tented stem: deceptive, evasive

Tall: high ideals, good self-image; too tall, false confidence

Short stem/firm pressure: independence; light pressure, low self-confidence

Humped: slow thinker, sluggish, stubbornly lazy

Looping to left: persistence

High and bowed: spiritual, lofty imagination

Ending below baseline: stubborn, willful, opinionated; with high bar, confidence

Attached bar: guilt, weak will

Taking the road to least resistance

Culture and artistic flair

that

Weak-willed and indecisive

Not touching the stem: forsaking reality, unhappy

Self-protective and fearful

u

Angular: resistant, drive, energy

Flexible and versatile

Arcade: must put up a front, self-protective

Inhibited

v

Lower case v is read the same as capital V.

w

Enterprise

x

Lowercase x is read the same as capital X.

y

See g.

z

Noncompetitive

Depressed

Chapter **16**
Capital Letters

A

Blot on long beginning stroke: skeleton in the closet

Lincoln A: protective and paternal

Uncrossed: careless, forgetful, inconsiderate

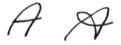

Capital made like lower case *a*:   modesty

Long beginning stroke below baseline: ambitious, argumentative

Low crossbar: subordination

Short second stroke: ambition

Sharp angles: resentment

Open at the top: talkative and prone to error

Narrow: shy

Ending stroke used as crossbar or crossbar descending: a disappointment

Large knot: pride in achievement

Crossed at top: unconventional

More than one circle: lives in a fantasy world

Curved: likes to entertain

B

Wide bottom: gullible, naive

Narrow bottom: skeptical

Large left hook: egotistical

Inflated: egotistical, bluffer

Curls: egotistical and/or concealing something

Narrow: shy

Tall beginning stroke: enterprising and thoughtful

Angular bottom: resentful, determined

Open bottom: trying to find self-awareness

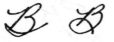

Closed with a bottom loop: suggestible but somewhat cautious

C

See lower case *c*.

D

Two parts: difficulty in adjusting

Open bottom: trying to find self-awareness

Tall upper stroke: enterprise

Long beginning stroke: self-importance

Open top: frank and talkative

Closed: secretive and reserved

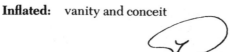

Long flying ending stroke: flirtatious

Inflated: vanity and conceit

E

Scrolled: fussy, primping, greed

Long beginning stroke below baseline: ambitious, argumentative

Narrow: shy

Top loop: dress and appearance important

Angular: rigid, quick, clever, realistic

Long ending: self-admiration

Starting stroke touching top loop: personal problems

Simplistic approach to life, good observer

Flying beginning stroke: avarice and greed

F

Flourish: vulgar, bad taste

Canopy: patronizing, protective

Narrow: shy

G

Arc to left: avoiding responsibilities

Greek: literary talent

Large upper loop: muddleheaded

Printed: intelligent, straightforward

Knotted: stubborn, tied up in knots emotionally

Same as lowercase *g*

Simplified: analytical and generous

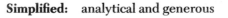

H

Narrow: shy

Houdini *H*: gets out of tight situations easily

Printed: intelligent, firm ego

H

Knotted: tying oneself up in knots emotionally

Large loop: large ego

I

I's represent self-image and ego.

Very large in any shape: megalomania

Left arc: taking the road to least resistance, irresponsible

Bottom scroll: egotistical, acquisitive, irresponsible

Open: open to communication, sociable

Like a number: aptitude for math

Like a lower case *i*:   low confidence, considers self worthless; could show lack of basic education

Closed: cautious

Knotted: stubborn and tied up in knots

Closed upper loop/open bottom: suggestible to the maternal

Closed lower loop/open top: suggestible to the paternal

Large upper loop: talkative about self

Crossed out: rejection of self; could be a sign the writer had strict parents

Small: low self-image, desire to remain in background

Low self-image, antisocial

Left slant on right slant writing: critical of self, fear of revealing inner self

Right slant: sociable and friendly

Far right slant: puts self before others, generous

Wide left bowl: observes people but remains detached

Pointed at the top: keen, sharp mind

Candleflame: penetrating mind

Tall: proud and idealistic

Dollar sign: thinks of self in terms of net worth; writer may think of his parents in terms of money

Angular/left: critical of self, hostile

Taking the road to least resistance

Simple/narrow: modest

Large/like g or number 9: inflated ego, vanity, needs to be noticed and applauded, needs companionship in work and personal life

Angular: critical and aiming toward a goal

Rounded 7: hesitant and not very aggressive, lacking in confidence

Balloon on a stick: pride, in control of every situation, large ego

Printed: confident of own abilities and ideas, constructive, resourceful, cultured

Rocking chair: good observer

K

Printed, simple: mechanical ability, intelligent

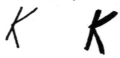

Bottom stroke high: ambitious

Bottom stroke long: blunt, defensive

Knot to left: exotic past experiences and still thinking of them

Angular stroke through stem: resentment of the opposite sex

Loop wrapped around stem: likes sex and people in general

Separate: cool and distant, afraid of sex

Just touching stem: teaser

L

Left curl beginning stroke: greed

No lower loop: reserved

Closed lower loop: secretive

Horizontal shaded: irregular blood circulation (often appears around puberty)

Artistic, sense of humor

No upper loop: materialistic, reserved

Tall: pride, self-esteem

Inflated lower loop: egotistical

Like a number 4: love of method and order

M

High curl: high opinion of self

Second hump higher: ambitious but public opinion is important

First hump higher: snobbery, condescension

High flying beginning stroke: strong need to be liked

Large beginning loop: strong sensitivity

Large arcade: putting on a show, acting

Starting right: talkative and humorous

Triangle beginning stroke: analytical, stubborn about minor things, could be a cardsharp

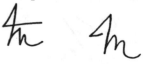

Beginning with a blotch: something from the past is hidden, skeleton in the closet

Takes time to reason, cautious about making decisions

Modest, simple tastes

Looped: vanity

Angular: analytical, does not accept defeat

Unfinished ending stroke: dishonesty

Repressed: clever, shrewd, repressed feelings

Little square beginning loop: jealousy

Closed beginning loop: likes to handle money, good with responsibility

Open beginning loop: unable to handle much responsibility but does not try to avoid it

Lower loops: self-worry

Narrow: suspicious and shrewd

Short center stroke: blunt and frank

N

See *M*.

O

See lowercase *o*.

P

See lowercase *p*.

Q

See lowercase *o*.

R

See capital *K*.

S

Large left loop: vulgar, greedy

Left arcade: avoids responsibility

Like a dollar sign: money-minded

Hooked and angular: defensive and rigid

T

Printed/canopy: protective and patronizing

That

U

See V.

V

Second stroke high: rebel, resists and resents authority

Canopy: altruistic, protective

Vow   Vow

In a signature, suicidal tendency or heavy disappointment

Vance

Arcade: draws back, fears involvement

Ornate and crossed: fussy, vulgar, overly friendly

W

See lowercase *w*.

X

Printed/exact: precision

Curled: temper

Works toward the future with enthusiasm

Separate: talkative, difficulty in adapting

High stroke: enterprise, ambition

Temper

Y

See lowercase *y*.

Z

No special meanings

Chapter 17
Beginning Strokes

Present: hesitant to rush into things, must take time to think things through, conventional

and

Straight and rigid: resentment — either real or imaginary; resists change

and   *and*

Straight and below baseline: ambitious, determined

and

Long: past is important

and

Curled: acquisitive, collector

Can   *c the*

Dot at the beginning: dark secret in past

and   *we*

Hooked: acquisitive, jealous, tenacious

cand   *we*

High: spiritual, psychic, optimistic

and High

Blotch on *m* or *n*:   jealousy

m   m   m

Garland: eager to please, desire to be noticed

how and the

Starting right: selfish, proud, egotistical

and go the

No beginning stroke: dislikes wasted time, practical, quick thinker, could be impulsive

he   and the

Chapter 18
Ending Strokes

Stopping short: honesty, self-confidence, independent, self-centered, secretive

the girl

Short/blunt: blunt, definite opinions

the girl

Down/heavy/blunt: belligerent, stubborn, aggressive; if clublike, brutal (mentally or verbally)

the girl

Long/down/sharp: cruel, argumentative, stubborn

the girl

Below baseline/extending right: aggressive, must have last word

the girl

Down/straight: negative, stubborn

they girly

Up then down/straight: stubborn, opinionated, negative

Curled/down: tenacious, negative, stubborn

they girly

Light: fearful, shy, weak-willed

the girl

Short: withdrawn, discreet

the girl

Underscore: needs attention, self-absorbed

the girl

Up then down/angular: greedy, acquisitive, clinging

Looped: emotionally disturbed, depressed

thee   girle

Bent left: selfish, temperamental, intolerant of others' views

the   girl

Long/straight or long/arcade: suspicious, distrusting, possessive

the —— girl

Straight/heavy: ill-tempered, bitter

The— girl

Long/curved or long/tapered: gives from a sense of duty or guilt rather than from the heart ("What's in it for me?")

The   girl

Long/even: friendly, outgoing, generous

the   girl

Short/dark: bossy, opinionated

the girl

High: reaching out, friendly, mystical, spiritual, intuitive, psychic, reaching for knowledge

Straight up: daydreaming, clairvoyance, psychic, visionary

The girl

Turning left: selfish, self-protective

Extreme left: self-protective, insecure, fearful

The girl

Flair: artistic, imaginative, creative

The girl

Curled or hooked/up: humorous, tenacious

The girl

Awning: cautious about actions and thoughts

Don't you see

Whipped: quick temper

The girl did

Chapter 19
Effecting Words

Effecting words are words which seem to jump out at you from the page. They are different from the ordinary writing of the person. An effecting word has a special meaning to the writer.

The effecting word in the sentence below is *you*. Contrary to what the sentence says, it shows little true concern for *you*.

I am so concerned about you.

The writer may not carry positive thoughts about her ex-husband but she certainly has good feelings about the alimony.

My husband finally paide me my alimony.

Chapter   20
Sexuality

Sexual personalities are categorized in two basic parts. We are all a combination of both types but a dominance in one or the other area will show in handwriting.

Type A. Physical-sexual: Enjoys physical touch and is generally faithful to the partner. Likes attention. Has strong sexual drives. Has a great deal of difficulty in coping with rejection. Home and family are more important in his/her life than career and job.

Type B. Emotional-sexual: Critical and analytical. Stirred by the imagination rather than physical touch. Likes variety and generally has many romances in his/her lifetime. Career and job come before home and family. Extreme in this area can cause such sexual problems as impotence and frigidity.

Wide, long loops: show physical sexuality

Right slanted letters: show physical sexuality

Flair: shows physical sexuality

Narrow or no lower loops: show emotional sexuality

Left slant letters: show emotional sexuality

Straight slant to slightly right: shows a good balance between both sexuality types

Simplified writing: shows emotional sexuality

Physical sexuality but not following through — not active or not receiving any pleasure from sex

Emotional sexuality not following through — not active or not receiving any pleasure from sex

For a female; desire for the male body; for a male; desire to keep his own body fit and attractive

For a male; desire for female body; for a female; desire to keep her body attractive

Sexual repression, holding back

Desire to follow through sexually but not doing so

Separation of mind and body, take-it-or-leave-it attitude toward sex

Separation of mind and body with sensitivity to criticism in sexual areas

d *cl*

A person who is sexually active and writes like this may be only participating physically — not mentally. It may also mean sexual anxiety.

Sexual resignation, disappointment in love

Sexual anxiety

A variety of lower loops in the same writing: unusual or unconventional sexual desires

THE SEXUAL CRIMINAL

Handwriting that is loaded with ink shows strong sexual desires. If all the letters *a*, *o*, *g* and *e* are closed and filled in with heavy ink, the person has sexual frenzies and will not be denied. He may even kill to gratify his desires.

Signs of brutality and/or temper, coupled with low self-esteem or exaggerated high vanity are also contributing clues.

MAKE SURE THIS IS NOT THE FAULT OF THE PEN. When in doubt, ask for another sample.

Chapter 21
Dishonesty

To determine dishonesty in a writing, at least ten out of the twenty-four signs must be strongly shown. Everyone will show some signs of dishonesty in handwriting. Very few people are entirely honest. An occasional sign of dishonesty may show simply that the person has something in his past which he considers to be no one's business. Be careful when determining criminal tendencies.

1. Ovals open at the bottom

2. Varying pressure and size

3. Wavy baseline and snake ending strokes

4. Overlapping up and down strokes

5. Too many curls

6. Illegibility

7. Exaggerated flourish

8. Repeating beginning strokes

9. Left slant on capitals

10. Letters omitted

11. Too many corrections

12. Double loops on ovals or right loops on ovals

13. Distorted lower loops and broken letters

14. Words and lines tangled

15. Misplaced periods

16. Too many arcades

17. Arcades with angular writing

18. Oversimplification of letters

19. Weak *t*-bars or no *t*-bars

20. Smeary writing, ink-filled lower loops

21. Exaggerations of any kind with lassos and jerky rhythm

22. Numerals illegible

23. Too many hooks

24. Large discrepancy between writing and signature

Chapter   22
Health Warnings and Signs

Signs for physical symptoms:

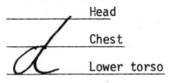

Head
Chest
Lower torso

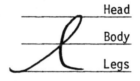

Head
Body
Legs

Physical problem in the body

Physical problem in the head

Physical problem in the leg

Headache: basic dark with light in the head area

Headache: basic light with dark in the head area

Headache: break in the head area

Signs showing weakness and ill health are:

Broken letters

Accent mark *i*-dots

Downward slant

Jerky, ragged letter formations

Bent loops

Snakelike downward ending strokes

Snake down

ALCOHOLISM

Easily read, fast writing, with overinflated loops, increase in pressure or hooks on ending strokes, a rhythmic sweep to right slant, low *t*-bars, beginning strokes on almost all letters.

'Twas the night before christmas and all

TUBERCULOSIS

This should not be used as a medical diagnosis but people with tuberculosis have been found to write with a mound-shaped baseline, with letters omitted, with syllables or even words repeated.

My dog dog ha fleas tht make

HEART PROBLEMS

A slight interruption in the up-and downstrokes, especially in loops, primarily the *h*, *l* and *b*. Abnormal dotting, strange pressure blots on up-or downstrokes (these can often be seen only with the aid of a magnifying glass).

The decision was

EPILEPSY

This should not be used as a medical diagnosis. Like convulsive disorders, the writing will show abrupt and spasmodic change in pressures, creating a muddy and blotchy look.

CANCER-PRONE

The study of cancer signs in handwriting is a long and complicated study. However, there are some easily recognizable signs: uneven pressure on up- and downstrokes, connecting strokes sagging, sudden change between down and up pressure at baseline, disintegrating strokes.

Chapter **23**
Frustrated
Personality Signs

1. Copied letters

2. Aggression signs

3. Extremely tall *t*-stems

4. Exaggerated capital *I*

5. Very large capitals

Alexander Hammer

6. Heavy pressure and backhand

My dog likes you

7. Encircled signature

Mary

8. Tangled lines

Can't you see the forest

9. Wavy baseline or confused baseline

The Thursday meeting

10. Shadowing

look and see

11. Diamond-shaped loops

Do it loosely

12. Shaking (could also be signs of ill health or old age)

13. Formerly legible writing becoming illegible

14. Too many words or letters omitted

FEAR

Drawing into self, protecting self

Extreme slant to left

Frustrated personality signs

Varying pressure, shading

Varying size

Wear flowers

DEPRESSION

Downhill slant

The stars in The

Frustrated personality signs

Low confidence signs

the stars i don't see

Fear signs

The stars tonight Alice now

DRUGS

Slurred and sloppy

I don't understand

Wavy baseline

what is going on

Rounded letters

Erratic spacing, sizes

Letters omitted

whats going on here can I understand

EGOTISM

Emphasis on lower zones

get thee to a nunnery

Large capital *I*

I wish to go

Flourishes

Large capitals

Narrow letters and spaces

Small, angular letters

Left-reaching ending strokes

ALTRUISM

Wide spaces

Bowl *t*-bar

bowl t-bars

High-reaching ending strokes

high reaching

Backward *y*

backward y

Upper zone emphasis

upper zones tall

EXTREME AGGRESSION

Large writing, few words on the page

Hatchet *t*-bars (club)

Effecting words are positive: like, good, love, will, I

Angular letters

Down-reaching ending strokes

Heavy punctuation

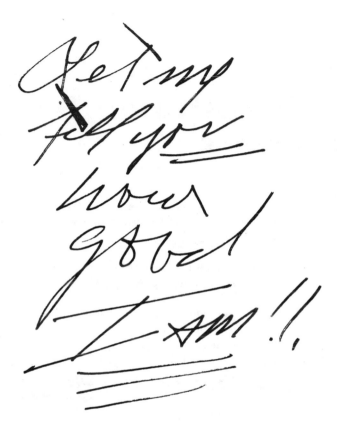

Chapter 24

Job Aptitudes for Success

Make a list of personality requirements for a particular job. Make a list of handwriting signs needed for this job. Correlate the two.

THERAPIST

Signs of devotion, emotional sexuality, abstract thinking signs, intuition, effecting words indicating no prejudices, quick thinker, analytical, no exaggeration in the words *me* or *I,* signs showing an ability to keep a secret, few signs of dishonesty.

I want to be a Therapist

BUSINESS EXECUTIVE

Even pressure, good rhythm, sense of responsibility, initiative, tact, ability to make decisions, good self-esteem and confidence, intuition

The annual report is on it's way

ATTORNEY

Flexible and analytical mind, logical, critical, determined, eloquent, intuitive, self-confident

The case of Redkin
vs.
Smith

Chapter 25
Signatures

A signature confirms and emphasizes the traits of the writer. It is a picture of how the writer wants to be seen by the outside world.

One of the easiest things to determine in a signature is self-confidence: a strong signature, somewhat larger than the body writing, underlined with a strong but unexaggerated line.

I must close.

Love,

Mary

Large capitals, flourishes and superficial embellishments show an attempt to overcome a sense of inadequacy by inflating the ego.

A left slant signature with right slant writing shows one who wants to appear aloof and distant but is really friendly and sociable.

I must close now.

Love.

Mary

Drooping signatures are often a sign of suicidal tendencies.

Mary Jones

A signature which is exactly like the body of the writing shows one who is the same in public as in private. This person has nothing to hide.

I must close.
Love,
Mary

Where the writing is vertical or left and the signature is right, the person is reserved but wants to give the impression of being warm and spontaneous.

I must close.
Love,
Mary

When the signature is larger than the rest of the writing, the person considers himself important.

I must close.
Love,
Mary

A signature which is smaller than the rest of the writing shows a person who considers himself ineffectual and unimportant. Often he only wants attention given to his work not to him.

I must close.

Love.

mary

The writer of an illegible signature does not want the world to really know him. He may have something to hide or he may simply not care what others think of him. A complex illegible signature shows a complex and unique individual.

A line running through the signature probably shows someone who is hiding something.

A light to medium simple underscore shows self-confidence and self-assertiveness. The person is forceful and magnetic and likes to be recognized either for himself or for his work.

A heavy or double underscore is more extreme of the above.

Charle

A wavy underscore shows a person who is sociable and likes to be noticed. He enjoys parties and attention.

Charles   *Mary*

An underscore which circles the name shows one who is walling himself off from society, which he feels is closing in.

Charles

When followed by a dash, period or other odd mark, the signature shows a sign of suspicion and caution.

Charles .
Charles —
Charle —

An ascending signature is optimistic and ambitious.

Mary Jones

A descending signature shows fatigue, discouragement, depression.

A zigzag underscore shows willpower, an active mind and body.

A vertical ending stroke shows a cynic with a tendency to mock others.

A drooping last name on a married woman can be a sign of marital trouble or divorce.

An ending stroke used as an underscore shows one who does not give up, is persistent, has pride, dignity and drive.

An angular underscore shows tenacity, ambition and drive.

Mary Smith

A dollar-sign underscore shows one who is preoccupied with money.

Charles Jones

An angular dollar sign is a good indication of a moneymaker. This person makes money then hangs on to it.

Charles Jones

An exaggerated underscore shows a person who wants a lot of attention.

Charles Jones

An ornate underscore shows a person who is seeking attention and admiration. He has high imagination.

Charles Jones

Charles Jones

Chapter 26
Dictionary of Personality Traits

A

Abrupt: Missing beginning and ending strokes

the time is now

Absent-minded: *t*-bar and *i*-dots omitted, printed *p*

the time is not proper

Acquisitive (greed): Crowded letters, no margins, large lower loops, beginning hooks, curls and/or scrolls

Hickory dickory dock, the mouse ran up

Active: *See* Physically Active or Mentally Active

Adaptable: Rounded letters, garlands, fast and even writing with even pressure, proportionate capitals

Hickory dickory dock, the mouse

Adolescent: Chronological age cannot be detected but a general lack of any definite form to the letters, original school script, poor rhythm, letters tapering from small to large show mental and emotional adolescence

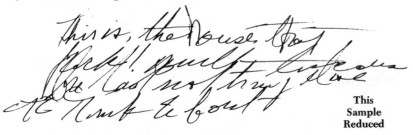

Aesthetic (Artistic, cultured): Graceful appearance, designed letters, good spacing, good proportion, printed capitals, wide margins, Greek letters, upward ending strokes, sturdy pressure, stylized signature. Illegible writing with good rhythm also shows artistic talent.

Age—advanced: (*see* Old Age)

Agitated: Jerky and tangled appearance, confused slant, *t*-crossings to the right of stem, punctuation left out or used too often, uneven pressure and margins

This Sample Reduced

Alcoholism: *Sober*. Legible fast writing, large and rounded loops, ending hooks, right slant, low *t*-bars, beginning strokes

Intoxicated. All the same signs as above but with shaky word connections, downhill baseline and muddy appearance.

Altruistic: Large, rounded writing with wide spaces between words, high upward ending strokes, capitals connected with the word, canopy *v*.

Ambitious: Arcades, sturdy pressure, uphill baseline, strong ascending *t*-bars, center hump on *m* higher, large capitals, fast writing, upper zone emphasis, first or last letter of signature used as an underline, second stroke on *A* and/or *K* higher, signature on uphill baseline

Amiable: Right slant, round letters, medium pressure, garland connections, deep garland *m*

Analytical: Angular letters, angular connections, fast writing, *i*-dot used as beginning stroke for the next letter

Angry: Strong angular, long and swordlike *t*-bars, heavy dashes, underscoring, strong punctuation, heavy pressure, fast writing, irregular rhythm, larger than normal writing

This
Sample
Reduced

Animated: *P* made with a simple stroke and high cap, curved ending strokes, large commas, uphill baseline, long and enthusiastic *t*-bars, dashlike or commalike *i*-dots, large writing

Artificial: Too many garlands and arcades creating an ornate look about the writing, wide spacing between words and lines, large capitals, triangular lower loops

Artistic: (*see* Aesthetic)

Assertive: Open *a*, *o*, *g*, and *q*, and abrupt ending strokes, large writing with heavy pressure, forward slant, tall capitals, descending clublike t-bars

B

Balanced: Equal upper and lower loops, vertical or slightly right slant, equal word and line spacing, even margins, average pressure, even firm *t*-bars, proportionate capitals and upper zone letters, *m* and *n* humps even

Now is the greatest time of day

Body (Physical): Breaks, wavering, blots, dots, shading, thin spots or any other irregularity in the lower case *l* and *d* shows a part of the body which is being affected by pain or discomfort. The zone the irregularity appears in determines which part of the body is being affected (on the *l*.)

Head
Trunk
legs

Bold: Long clublike ending strokes, large writing with wide connections, enthusiastic *t*-bar, firm steady pressure

Now is the

Brutal: Blotchy muddy appearance to the writing, heavy pressure, clublike descending *t*-bars, long *t*-bars, thick and blunt, descending arrowlike ending strokes

Now is the time for

C

Careful: Closed *a*, *o*, *g*, and *q*, even rhythmic spacing, medium size and pressure, even margins, legible writing, carefully placed *t*-bars and *i*-dots, good punctuation, angular open *p*, abrupt ending stroke on *m*.

You are with the right people

Careless: Tangled letters, tangled words, tangled lines, uneven spacing, uneven margins, forgotten *t*-bars and *i*-dots, misplaced capitals, punctuation misplaced or forgotten

Cautious: Vertical or left slant, *a*, *o*, *g* and *q* closed, closed *b*, lower loops made with a right check, closed capital *I*, *t*-bars and *i*-dots to the left and not following through

Blue is for a baby boy, I told her.

Change (desire to): *i*-dots made in a circle (if filled in, not yet ready to face the change)

if it

Changeable: Varying slants and baselines, varying letter sizes, several different *t*-bars and lower loops, varying pressures

Clannish: g made in a figure 8, no lower loops or small sharp lower loops, narrow writing

great yesteryear

Cold-hearted: Extreme left slant, abrupt ending strokes, extreme angular letters; could be heavy pressure, descending and blunt ending strokes or no ending strokes

Holy mackerel

Color sensitive: Heavy pressure for bold colors, light pressure for pastel colors

The cow jumped over

The cow jumped over

Communicative: Open a, o, g and q, forward slant, medium to heavy pressure

our goat

Complex: a, o, g and q looped on top, tangled lines or words

I have a complex personality

Comprehending: Angular m, n, r and h — the more angular, the more quickly the person is able to understand and the more investigative the person is

hickory dickory mouse

Conceited: Wide large loops, too ornate with garlands, arcades and curls, underscored signature and effecting words such as *me* or *I* or *self*

[handwriting sample: "I am simply too beautiful"]

This
Sample
Reduced

Concentrative ability: Small writing, carefully placed *i*-dots, steady and firm pressure

[handwriting sample: "Now is the dawn of mans 'awakening"]

Conflicted: Varying letter slant, varying *t*-bars, any conflicting extremes in the writing such as heavy pressure and left slant or extreme right slant with light pressure

[handwriting sample: "This shows inner struggle"]

[handwriting sample: "This also shows an inner struggle"]

Confused: Illegible, tangled writing, varying slant, pressure size

[handwriting sample: illegible tangled writing]

Conscientious: Open *a*, *o*, *g* and *q*, round *i*-dots carefully placed, level baseline, legibility

[handwriting sample: "Now is the dawn of man's awakening"]

Contrary: High beginning strokes, straight lines, left reaching ending stroke on *h*, light descending ending strokes

have another half

Conventional: Center *m* strokes below baseline, copybook letters, even margins, beginning strokes on most words, elementary print forms

Please make yourself at home.

Courage: Wide spacing with a dishlike baseline, heavy sturdy pressure, long strong *t*-bars and stems, high ending strokes, right curving *p*-stem, printed *p* with detached circle

Perhaps we might go later

Coward: Low *t*-stems and weak *t*-bars, light descending ending strokes, downhill baseline, *t*-bars placed to left and not following through, *t*-stems and *i*-dots weak but placed very high above stem, starlike *t*'s or shaky writing. Cowardice is a combination of weak will signs and high imagination

the total was final

Creative: Well rounded *m* and *n*, last half of *h* well-rounded, wide *k*, designed letters

many men hike up hike Pretty good

Criminal: (*See* Sexual Criminal or Deceptive/Deceitful)

Critical: Angular letters, Greek *g*, no loops or compressed loops, commalike *i*-dots and comma signature underlines

The marigolds are yours —
Mary

Crude: Club-shaped ending strokes, ink-filled loops, muddy, thick appearance to the writing

there have they gone.

Cruel: Long heavy *t*-bars, extreme angular, blunt club-shaped *t*-bars and *i*-dots, beginning and ending strokes blunt and clublike, large loops with dagger endings, long needle strokes and whips

title all the same

Curious: Angular *m, n, r* and *s*, short points on angular connecting strokes, *c*-shaped *i*-dot, rocking chair *I*

Now is the time — I yield

Cultured: (*see* Aesthetic)

D

Deceitful/Deceptive (Dishonest):   *See also* Chapter 21. Left and right loops on *a, o,* and *g,* varying sizes of letters, shading, wavy baseline, letters running together, lots of curling, illegibility, capitals slanting differently, too many mistakes crossed out and corrected, tangled loops, too many little hooks, letters omitted, weak *t*-bars, misplaced capitals, numerals purposefully vague, large discrepancy between the signature and the body of the writing. Not all need be present but there should be a majority.

Decisive: Abruptly ending final strokes. If they are wider at the end, the decisiveness is increased.

Defiant: *a*, *o*, *g* and *q* are open on left side, ascending final stroke on *v* creating canopy

Definite: Firm letters and firm ending strokes, strong *t*-bars, sturdy pressure, no top loop on *f*, looped cap on *p*

Delicate: Small writing, light pressure, high *t*-bars and light *i*-dots

Dependable: Regular even writing, strong pressure, combination of rounded and angular letters, firm *t*-bars, no signs of dishonesty

now is the dawn of mans awakening.

Depressed: Descending baseline or dropping sharply at the end of a line, narrowing left margins, low *t*-bars, drooping signature

Now is the time for all good men to come to the aid of their

John

Despondent: Downward slant on words, light or missing *t*-bars, ending stroke on capital *M* reaching down and to the right

My time has come

Determined: Straight strokes instead of lower loops, angular heavy writing, heavy or hooked *t*-bars, blunt ending strokes

Now it is your turn

Devoted: Upturned *u*-shaped *t*-bars (humplike *t*-bars show devotion but under pressure); high reaching ending strokes

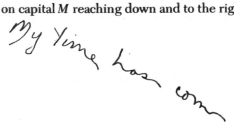

the   the

Diplomatic: Words tapering at the end; could have wavy baseline, good rhythm, legibility, possible angular, forward slant, double looped *d*

Now is the time for all her
ad

Direct: Simple letters, *t*-bars to the right, no beginning strokes, blunt ending strokes

the time has

Disharmony: (*see* Conflicted)

Dishonest: (*see* Deceitful/Deceptive)

Dominating/Domineering: Arrowlike downward slanting *t*-bars, tall, highly looped *d*, final stroke on *v* forming a canopy

this did it

very

Drug Abuser/Drug Addict: Slurred and sloppy writing, wavy baseline, rounded letters, erratic spacing, erratic sizes and slants, letters omitted

E

Eccentric: Strange unusual letter formations, scrolls, curls, unnecessary loops, illegible signature

Economical: Narrow margins, small writing, crowded letters

Efficient: No beginning strokes, ending strokes short, simple letter formations, fast writing

Egotist: First stroke on capital *M* high, large inflated loops, too much garland, flair, scrollwork, capitals large, very often a left slant, underscoring — especially on the signature

Energetic: Ascending baseline, large sweeping pen movements, long sweeping *t*-bars, firm pressure

It is for your good

Excitable: *t*-bars high above the stem, wavy baseline, varying slants

Now is the dawn of mans

Extravagant: Very long upward ending strokes, words stretched out by long connecting strokes, large writing, wide spaces, open *a*, *o*, *g* and *q*.

Now is the dawn

This Sample Reduced

Exact: (*see* Careful)

Extrovert: Large writing, forward slant, flourishes, long sweeping *t*-bars, heavy pressure, wide margins, open *a*, *o*, *g* and *q*, high *t*-stems, underscored signature, looped *p*.

It is well for Private John

This Sample Reduced

F

Fastidious: Slow careful small writing, carefully placed *i*-dots, carefully placed *t*-bars, neat

Now is the dawn of mans' awakening.

Fearful: Star-shaped *t*, shaky writing, possible looped *t* with bar to left and not following through, extremely large right margin

to assert will is too difficult

Fickle: Varying slant and baseline, lack of rhythm in writing, sweeping ending stroke on *D*, dish *t*-bar

Didn't you know what it was

Formal: Lower loops triangular, large writing, flourishes such as in calligraphy, small top margin

Do you feel well?

Frank: Open *a*, *o*, *g*, *q* and *d*, round *e*, short ending strokes

Now we are going

Friendly: (*see* Amiable)

Frugal: (*see* Economical)

G

Generous: Long ending strokes, large writing, rounded *m*, wide margins

Honey / dew melon

Gentle: Light pressure, rounded writing, garland strokes

The owl and the Fleet footed

Good hearted: (*see* Kind)

Greedy: (*see* Acquisitive)

Graceful: Greek letters, graceful *f*, smooth flowing lower loops

go and find your dog

Gullible (Naive): Letters growing larger toward the end, printed *B* with lower part larger, rounded writing, school script

Be very careful

H

Harmonious: Simple letters, even margins, rounded writing

Now is the dawn of

Honest: No sign of dishonesty, open *a*, *o*, g and *q*, legible writing and signature, simple letter forms

Now is the dawn of mans' awakening. John Smith

Humorous: Flourish in the beginning strokes, wavy *t*-bars and *i*-dots, loop on *b* and *r*

[handwriting sample: it brings me back]

Hypocritical: (*see* Insincere)

Hysterical tendencies: Varying pressure and slant, several different *t*-bars in the same writing, weak will signs, tangled lower loops, thread writing

[handwriting sample]

I

Idealistic: Light *i*-dots, high *p*-cap, upsweeping ending strokes, tall upper loops

[handwriting sample: pick up your hat]

Imaginative: Large upper and lower loops, disconnected letters, designed letters, high *t*-bars and *i*-dots, *p* made by one line, *s* taller than the other small letters

[handwriting sample: By this proof]

Imaginative (Abnormal): Too many hooks, tangles, illegible writing, wide *v*

Immature: (*see* Adolescent)

Impatient: Long thin *t*-bars, *t*-bars crossed to the right, *i*-dots to the right, lack of ending strokes, lack of beginning strokes, *s* made like a comma

Impulsive: *t*-bars and *i*-dots to the right, lack of beginning strokes, fast writing

Inactive: Rounded writing with varying slant, uneven pressure and spacing, *t*-bars and *i*-dots to the left, rounded *r* and hump *t*

Indecisive: *t*-bars weak and/or to the left, varying pressure, varying slant and baseline, uneven letter connections, too much wrongly placed punctuation, usually small writing with light pressure

Independent: Left slant, descending blunt ending strokes, letters spaced wide apart, ending stroke on signature used as an underscore, tall capitals, short *d*-stems

Indifferent: Left slant, short or no ending strokes, angular fast writing

Inflexible: Extreme angular without any rounded strokes at all, extreme control in writing

Inhibited: Left slant, angular connections, closed capital *I*, extreme narrow loops, squeezed letters, wide margins

Insincere: *a*, *o* and *g*, *q*, *d* open at the bottom, too many flourishes, dish *t*-bar

Intelligent: Quick writing, simple forms, small writing, even pressure, accent *i*-dot, tall upper zone, figure 8 *g*, large simple signature, *m* and *n* humps even, straight line *I*

good times for all, I hope.

Larry

Intuitive: Straight line *I*, breaks in words, high ending strokes, high point on *r* and *s*, high *t*-bar

I prefer to just wait.

Irritable: *i*-dots broken or arrowlike, uneven pressure, tangled loops, long heavy *t*-bars, temper tics

My time has come

Investigative: Long, angular writing

We see the flashing star

J

Jealous: Extreme forward slant, heavy pressure, crosslike *t*, large capitals, small inverted beginning loops, ending stroke looping back, cramped capital *M*, *N* and *H*, small square beginning loops on capital *M* and *N*

Please give my love to Mary Howe

K

Kind: Forward slant, curved rounded writing, upsweeping ending strokes, no pointed strokes

We are going to go now

L

Lazy: (*see* Inactive)

Lecherous: Blotty muddy writing, ovals ink-filled, heavy pressure, lower zone emphasis

please come to my house

Logical: Simple letter forms, print forms, flat-topped *r*, all letters connected, no breaks in words, even spacing

the dogs are howling

Loyal: Legible signature, small well-rounded *i*-dot

in it   Larry Smith

Luxury-loving: Large capitals, flourish, rounded letters, wide margins

I simply love parties

M

Materialistic: Inflated lower loops, no upper loops, oval *m*, underscore on signature resembling $ sign.

It is for my own good.

John

Mathematical: Numbers written clearly and concisely, letters resembling numbers

I have gone. 123456789

Megalomaniac: Underscores heavy and thick, heavy writing pressure, ending strokes turned up and back to the left, left slant usually accompanied with large writing, large *I*

Joan

Memory (good): *m* carefully retraced, oval *m*, carefully placed *i*-dots and *t*-bars

mint mint

Mentally active: Fast writing, simple letter forms, uphill baseline, *t*-bars to right, tall upper letters, *i*-dot connected to the next letter, signature with a zigzag underscore

Now is the dawn of man's awakening

John

Modest: Moderately short capitals, no flourish, simple letters, signature simple with no underscore, capital *A* made like a small *a*

Any thing you want.

Joe

N

Naive: (*see* Gullible)

Nervous: Varying slant and baseline, shaky writing, letter sizes abruptly changing, letter corrections, sharply illegible

O

Obstinate: Left slant, angular, ending strokes on *t* and *d* descending straight below baseline, hooks on *t*-bar, angular and heavy writing

Old age: Shaky letters, light pressure, possible descending baseline

Optimistic: Uphill slant, widening left margin, ascending signature; individual words on an uphill slant with each word starting on the baseline shows person who has very short spurts of optimism; *t*-bars going up, high *i*-dots, ascending ending strokes

The Time has come
The Walrus said

The Time has come

Orderly (organized): Well-balanced upper and lower loops, even margins, carefully placed *i*-dots, figure 4 *l*, careful punctuation

Like few people I know.

Original: Designed letters, printed letters, printed capitals, wide *v*, *p* made in one stroke, accent-shaped *i*-dot

Because I prefer wines

Ostentatious: Too many flourishes, curls, arcades, decorated and very ornate writing, decorated and very ornate signature, baroque-looking writing

Rosemary, which vows not
to forget

P

Passionate: Very large lower loops, heavy pressure

Nature hangs her mantle green,

Patient: Slow careful writing, rounded letters, light pressure

on every blooming tree,

Peaceful: Sharp, tall cap on *p*, light pressure

and spreads her sheets o' daisies white.

Perseverant: Dishlike baseline, leftside hooks, angular firm *t*-strokes, looped *t*-bars

Out o'er the grassy lea.

Pessimistic: Downhill baseline, ending strokes below the baseline, *t*-bars slanting down

Within the gardens peaceful scene

Philosophic: Tall *t*-stems, *l*, upper *f* and *h* tall, *t*-bars high above stem, high *i*-dots

Appeared two lovely foes aspiring to the rank of queen

Physically active (love of physical activity): Large *p* loop — the larger the loop the stronger the love of physical activity

Pleasure-loving: Long lower loops, rounded letters, flourish

Positive: Firm even writing, firm ending strokes at baseline, firm *t*-bars

Practical: Narrow margins, short ending strokes, long lower loops, short or moderate upper zone, *t*-bars carefully placed on stem

Precise (*see* Careful)

Prejudiced: Ending stroke on capital *M* coming up and left to cut through the letter

Proud: Large writing, tall upper loops and letters, wide left margin, looped beginning strokes, high beginning strokes on *M*, signature larger than the body of the writing, inflated capitals on signature and signature underscored

Of a joyous train ensuing

Paul

Procrastinating: *t*-bars to left and not following through, *i*-dots to left, slow writing

serving at my hearts command

Psychic: Frequent breaks between letters, high pointed *r* and *s*, high ending strokes, high *t*-bars, shadowing could show mediumship, high *t*-bars

Tasks That are no tasks renewing

R

Rebellious: (*see* Defiant)

Refined: Light pressure, small letters, high *i*-dots with light pressure, Greek letters, printed letters, neat and clean writing

I will sing as doth behove

Repressed: Letters squeezed together, compressed loops

Hymns in praise of what I love.

Resentful: Rigid beginning strokes which begin on the baseline, triangles and blunt ending strokes

Reserved: Left slant, no flourish, short ending strokes

Radient sister of the day

Resistant: Extreme left slant, angular firm blunt strokes

Awake arise and come away!.

Responsive: Garlands and forward slant

To the wildwood and the Plains

S

Sarcastic: Dart or arrow *t*-bars, the shorter the bar the more sarcasm

to the pools where winter rains

Secretive: *a, o, g, q* closed with a knot on top, extreme left slant, illegible signature, arcades, left ending strokes

Selective: (*see* Clannish)

Self-confident: Large underscored signature, good strong pressure, large but unexaggerated capital *I*

I am going to Mexico.

Laura

Self-controlled: Vertical slant, even baseline, even letters and spacing, legible, firm writing

Where the pine its garland weaves

Selfish: Hooks on capitals, *e* and *l* ending strokes missing, overscored signature, hooks and curls, wide left margin

Of sapless green and ivy dun

Self-protective: Signature enclosed with a circle, ending stroke on *t* coming up to make the crossing loop, left ending strokes

Round stems that never kiss the sun.

Mary

Self-reliant: Signature larger then the body of the writing, simple but strong underscore, short *d*-stem, vertical or slightly right or left slant, strong *t*-crossing, firm pressure

It was nice.

Teddy

Sensitive to criticism: Sensitivity to criticism in a sexual area is a looped *d*-stem, sensitivity to criticism in general is a looped *t*-stem, left *t*-bar not following through a looped stem shows hypersensitivity. Light pressure is sometimes present to compound sensitivity

Sexually eccentric: Two or more different kinds of lower loops in the same sentence or paragraph show unusual sexual practices; extremely angular triangular lower loops with a left slant shows someone who gets no gratification from sex

Sincere: Open *a*, *o*, *g* and *q*, legible letters, no signs of dishonesty, firm pressure

Sociable: Forward slant, rounded letters, garlands and flourishes

Spiritual: Ending strokes reaching upward, tall point on *r*, high *t*-bars, tall upper loops, upper zone beginning strokes, light pressure, high *i*-dots

Spontaneous: Flying ending stroke on *d*, fast writing, no beginning strokes

did you do that

Stable: Verticle or almost verticle slant, even pressure, even baseline and margins, carefully placed *i*-dots and *t*-bars, good proportion

did you go that way?

Stubborn: (*see* Obstinate)

Submissive: Rounded letters, middle zone emphasis, backward loop *y*

do you know him?

Suppressed: Extremely short connecting strokes, probably accompanied with small cramped and squeezed letters, lack of ending strokes or any stroke which reaches out

It is time for us to come to an understanding about who is the boss around here

Superficial: Shallow dishlike *t*-bars

the time

Sympathetic: Forward slant, long sweeping ending strokes, wide right margin, rounded letters, open *a*, *o*, *g* and *q*

Now is our good day

T

Tactful: (*see* Diplomatic)

Talkative: (*see* Communicative)

Temperamental: (*see* Impatient) Arrowlike *t*-bars — pointing downward increases temper, high arrowlike beginning strokes, wavy baseline, tiny marks or dotlike lines on the beginning strokes

[handwriting sample]

Tenacious: Hooks on the beginning and ending strokes

[handwriting sample]

Tense: (*see* Nervous) Extremely angular letters, cramped writing

[handwriting sample]

Timid: Small letters, light pressure with *t*-bars and *i*-dots to the left, short *t*-bars

[handwriting sample]

U

Uncommunicative: (*see* Reserved)

Undisciplined (*see* Careless)

Unstable: Varying pressure, slant, baseline and sizes; too many breaks in words; uneven margins; exaggerations in loops; *t*-bars varied

V

Vain: (*see* Conceited)

Versatile: Uneven margins, varying slants and sizes but with good rhythm and signs of balance

Violent: (*see* Brutal)

Visionary: Very tall ending strokes, breaks between letters, tall point on *r*, *t*-bars high above stem

Vital: Long lower and upper zones, large writing with moderate/heavy pressure, long sweeping *t*-bars, lots of exclamation points

Vulgar: Muddy appearance to writing, narrow or no margins, sloppy writing with no rhythm, heavy pressure, middle hump on *m* taller than the other two

It is more difficult, mind you, to see clearly.

W

Willpower: Strong *t*-bars, angular, firm pressure, abrupt ending strokes

Now is the time for all

Weak: Melted appearance to writing, light pressure, hill baseline or descending baseline, low *t*-stems and *t*-bars

It is perhaps the saddest thing

Chapter   *27*
Doodles

Doodles are subconscious expressions of our inner desires, wishes and feelings. Often the messages brought out by our doodles is contradictory to our outer personality.

1.   Clear designs, such as boxes, triangles, squares within squares etc., show a person who is organized, able to delegate authority on the job, runs his business or career in an efficient manner.

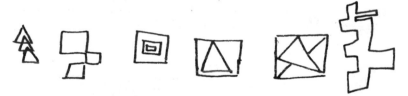

2.   Stars, either free form or stylized indicate a person who can meet and/or face disappointments without becoming discouraged and giving up.

3.   A mass of lines and scribbles with no definite picture shows a

tense and nervous mind. This person finds it difficult to concentrate and gets embroiled in details.

4. Rhythmic, repeating lines and designs show a sense of music and a logical mind.

5. Tic-tac-toe games indicate a competitive spirit.

6. Stylized pictures of animals and people show creativity.

7. Attractive portraits are doodled by people who like people; they are sociable and friendly. Such doodles may indicate artistic talent.

8. Distorted, unattractive or grotesque monsterlike people are doodled by people who are angry, upset emotionally, suspicious and skeptical to the extreme.

9. Musical notes and graceful rhythmic lines show musical feeling and a sense of rhythm.

10. Bubbles show optimism and spiritual feelings.

11. Houses, fireplaces, stoves, things found in the home show a love of home and family life.

12. Target objects such as arrows, darts, and so forth are an indication of ambition.

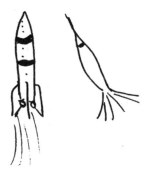

13. Plants, flowers, trees, potted plants, kittens, puppies, caged birds and children, show a person who likes to serve and protect. These people like to be needed.

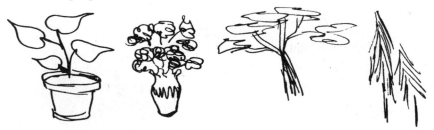

14. Valentines, lace and bows are doodled by sentimentalists.

15. Toys show a sense of fun.

16. Food is often doodled by those on a diet.

17. Cityscapes, crowded buildings, airplanes and trains show someone who leads a busy and hectic life.

Chapter 28
Behavior Modification Through Handwriting

Handwriting is a learned subconscious habit. By repetition over years, it has become an automatic response reflecting our character and moods. A voluntary change in handwriting will reflect in a change in personality (after the change becomes subconscious). The mind influences handwriting; therefore, handwriting can influence the mind. It is possible to break bad habits, improve memory, increase self-esteem, alter aggressive behavior, block sensitivity to criticism, increase self-assertion and much more.

Behavior modification through handwriting is an outgrowth of research using hypnosis. The subconscious mind is susceptible to self-suggestions. Our personality is a direct result of suggestions we have accepted throughout our lives. So when we voluntarily change our handwriting through repetitious exercise, we are giving a powerful suggestion to our subconscious minds to change our personality.

Behavior modification through handwriting is a form of self-hypnosis. In self-hypnosis we learn how to communicate with the subconscious mind, to give it repeated suggestions using verbal and visual association. This will cause a change in personality. Changing handwriting breaks undesirable habits or changes negative characteristics, replacing them with desirable habits.

You are using the same laws that are used in self-hypnosis and psychotherapy:

1. The law of repetition.
2. The law of association.

Take a plain piece of paper and write, in your normal handwriting, about one-half page. Decide what personality trait or characteristic you would like to change, improve or alter. Find which strokes in your normal handwriting reflect the trait you will be working with. Find the handwriting characteristic sign for the trait you would like to achieve.

For instance: Sensitivity to criticism is indicated by a looped *t*-bar. For you to become less sensitive to criticism, that loop must be eliminated.

Find a phrase or quotation you like and write it in the new handwriting style. Write it over and over again. Practice about ten minutes a day. Strive to write the new way in all your writing—shopping lists, notes and personal letters.

If you practice faithfully, in about a month, you will begin to write in the new style automatically. At the same time, you will begin to feel a change in your personality.

Chapter 29

Handwriting Exercises

The following pages contain some mental exercises. These will enable you to learn to look closely at the handwriting. Exercises in detecting disguised writing are extremely valuable in training your eye to look at the strokes in handwriting closely, comparing the tiniest dot.

Comparing words written by many different writers and trying to put them together according to the words written by the same hand may sound easy at first but often the results will surprise you.

Graphology is most widely used in vocational aptitude. Simply knowing what is needed for a certain job and finding those traits in a handwriting is really all there is to it. But sometimes it is difficult to break down the exact qualities necessary for any particular job. A little practice is all that is needed.

Compatibility between couples is another common use for graphology. That the two handwritings have enough in common for a basically sound relationship and enough different to keep it interesting is what you will be looking for.

I

I have taken the words *Dear* and *Sincerely* from fifteen letters. Can you match each writer's *Dear* with his *Sincerely*?

4 *Dear*

5 *Dear*

6 *Dear*

7 *Dear*

8 *Dear.*

9 *Dear*

10 *Dear*

11 *Dear*

12 *Dear*

13 *dear*

14 *Dear*

15 *Dear*

A *Sincerely*

B *Sincerely*

C *Sincerely*

D *Sincerely*

E *sincerely*

F *Sincerely*

G *Sincerely*

H *Sincerely*

I *Sincerely*

J *Sincerely*

K *Sincerely*

L *Sincerely*

M *Sincerely*   N *Sincerely*   O *Sincerely*

II

Here I have taken the words *I* and *am* from the text of some letters written to me. Match each *I* with its proper *am*.

1   2   3   4

5   6   7   8

9   10   11   12

13   14

A *am*   B *am*   C *am*   D *am*

E *am*   F *am,*   G *am*   H *am*

I *am*   J *am*   K *am*   L *am*

M *am*   N *am*

III

From these three samples, choose a good traveling salesman. Give reasons for your choice and reasons why the other two were not chosen.

1

Strong forces work for success of award, but problems remain. Israel's Knesset likely to go along with provisions. Political triumph for Carter.

This Sample Reduced

2

The Lord is my shepard I shall not want He maketh me to lie down in green pastures He leadeth me beside still waters

3

from you to R. Kovacevich on the subject. also enclosing some recent memos on the subject that you may find helpful.

IV

Here are two signatures of Adolf Hitler. Which one was before his rise to power and which one was after? What do these two signatures tell you about the man?

V

Give an analysis of this writer.

VI

The first writer is a man; the second, a woman. Would these two people be compatible marriage partners? Give reasons for your answer.

1   *This is written in my "normal" hand. No hurry. It isn't often that I have time to keep it even this legible.*

2   *It will be of particular interest to me after completing the course in graphology to watch our five year old granddaughter's handwriting develop.*

VII

Were these three samples written by one, two or three persons? Give reasons for your answer.

Since the time of the cave paintings, man has externalized his spiritual visualizations in the form of art. Objects of art give concrete

Since the time of the cave paintings, man has externalized his spiritual visualization in the form of art. Objects of art give

Since the time of the cave paintings, man has externalized his spiritual visualization in the form of art. Objects of art give

VIII

The first writing sample is disguised in the form of mirror writing.
Which of the samples following it were written by the writer of the
mirror writing? Give reasons for your answer.

1

[handwriting sample in mirror writing]

2 What a wonderful day!

The sun was so bright an felt so warm.

3 The theory in that it is for the
good of the country to pay Taxes

4 Just a short note to say thank you for the
lovely dinner. You were so sweet to invite
all of us and we all enjoyed it very much

5 The study of graphology
Could be incorporated into
a school curriculum.

QUIZ ANSWERS

I

1-C	9-J
2-H	10-G
3-L	11-F
4-A	12-B
5-O	13-E
6-I	14-M
7-N	15-D
8-K	

II

1-D	8-L
2-C	9-J
3-B	10-H
4-E	11-I
5-K	12-G
6-N	13-F
7-M	14-A

III

The first writer would be the most successful salesman. He has a strong, large writing showing good expression. Mostly angular writing gives him the ability to think quickly and analyze a potential customer. Large, strong writing shows he likes to be on the move and is uncomfortable in routine. Closed *I* and closed ovals show he would stick to the subject and not wander or be inclined to babble. He has a great deal of physical and mental energy which is essential for a salesman.

The second writer is too inhibited, confused and physically low in energy to be able to cope with the high-pressure, fast-moving job of traveling salesman. His bowl shape baseline shows he tires quickly. The lack of rhythm in the writing shows confusion and a lack of determination or direction. He is self-defensive and self-protective with little "crust." His feelings would constantly be hurt by the vast amount of rejection and emotional abuse a salesman must put up with.

The third sample shows a sharp, quick and analytical mind but he is secretive and shy to an extreme. The tiny writing shows repressed emotions and an introverted nature. He would be more powerful in an executive capacity where he can hire others to do the extroverted, physically demanding jobs. He is more comfortable where he can make decisions for others to carry out.

IV

The first sample is Hitler's signature after his rise to power. Notice the looming, tall *H* showing power and arrogance. His first name is almost eliminated, revealing the power attached to his last name *Hitler*. Still, the drooping ending shows he may have contemplated suicide, especially before his rise to power. The pasty, thick strokes are a sign of his materialistic nature and his strong need to have his desire fulfilled.

V

This writer has emotional problems. The writing has extremely poor rhythm despite the fact that it is a poem. It appears to be a tangled web of lines. This person's mind is also a tangled web. He has no clear thoughts or feelings; he is frustrated and confused. His feelings and emotions blow like a dry leaf in the wind. The large whip ending strokes reveal a sense of cruelty in his makeup. He is easily hurt but probably only takes out his revenge on those who give him either real or imaginary slights in his fantasies. He has a quick mind but takes in too much too fast. He desperately hangs on to feelings both positive and negative. The *y* in *every* is retraced over and over and over again — either to obliterate it as a mistake or to emphasize it (I am not sure which). Either way, it shows imaginary illnesses. This man is a victim of his own keen, sharp mind and bizarre imagination, almost like a short-circuited computer.

VI

Yes. These two people would make a very compatible pair. Notice the similarity in their capital I. The writing in both samples has a good combination of angular and rounded; they are both clear-thinking, intelligent and adaptable. They both have the capacity to express their feelings but the closed ovals show they know when to keep quiet. She probably likes to be on the go more than he does (see the lowercase *p*) and is a bit more self-protective about her feelings. His writing shows a gentleness which would take her feelings into consideration whenever he made plans. They both show artistic talent. His shows in the ending strokes on his *t*, hers, in the flat-topped *r*.

VII

Yes. They were all written by the same person. The first is in his normal hand; the second and third are purposely disguised. Notice that they all have identical spacing in lines, words and letters. The pressure is the same and the letter proportion is the same. The *p* in *paintings* in 1 and 2 are exactly alike. Closed ovals and the *e* in *externalized* are all slanted back to the right. Right reaching, high *i*-dots are predominant in all three samples. The *r* in *spiritual* in samples 1 and 2 are identical and they all have top knotted *o*'s. Look at the looped *b* in *objects*. The beginning strokes in samples 1 and 3 and the lowercase *r*'s are the same.

VIII

Numbers 1 and 3 were written by the same person. The capital *T* is a dead giveaway — also the angularity, the tall *t*'s, the spacing and the proportion. Both have a wavy baseline and high flying *i*-dots.